不动产登记暂行条例注解与配套

第七版

中国法治出版社

CHINA LEGAL PUBLISHING HOUSE

U0681107

图书在版编目（CIP）数据

不动产登记暂行条例注解与配套 / 中国法治出版社编. -- 北京 : 中国法治出版社，2025. 9. --（法律注解与配套系列）. -- ISBN 978-7-5216-5544-5

Ⅰ. D923. 25

中国国家版本馆 CIP 数据核字第 2025PE5049 号

策划编辑：袁笋冰　　　　责任编辑：张　僚　　　　封面设计：杨泽江

不动产登记暂行条例注解与配套
BUDONGCHAN DENGJI ZANXING TIAOLI ZHUJIE YU PEITAO

经销/新华书店
印刷/三河市国英印务有限公司
开本/850 毫米×1168 毫米　32 开　　　　印张/ 6. 5　字数/ 150 千
版次/2025 年 9 月第 1 版　　　　　　　　2025 年 9 月第 1 次印刷

中国法治出版社出版
书号 ISBN 978-7-5216-5544-5　　　　　　　　　　定价：18. 00 元

北京市西城区西便门西里甲 16 号西便门办公区
邮政编码：100053　　　　　　　　　　　　　传真：010-63141600
网址：http：//www. zgfzs. com　　　　　　编辑部电话：010-63141663
市场营销部电话：010-63141612　　　　　　印务部电话：010-63141606

（如有印装质量问题，请与本社印务部联系。）

出版说明

中国法治出版社一直致力于出版适合大众需求的法律图书。为了帮助读者准确理解与适用法律，我社于 2008 年 9 月推出"法律注解与配套系列"，深受广大读者的认同与喜爱，此后推出的第二、三、四、五、六版也持续热销。为了更好地服务读者，及时反映国家最新立法动态及法律文件的多次清理结果，我社决定推出"法律注解与配套系列"（第七版）。

本系列具有以下特点：

1. 由相关领域的具有丰富实践经验和学术素养的法律专业人士撰写适用导引，对相关法律领域作提纲挈领的说明，重点提示立法动态及适用重点、难点。

2. 对主体法中的重点法条及专业术语进行注解，帮助读者把握立法精神，理解条文含义。

3. 根据司法实践提炼疑难问题，由相关专家运用法律规定及原理进行权威解答。

4. 在主体法律文件之后择要收录与其实施相关的配套规定，便于读者查找、应用。

需要说明的是，只有国家正式通过、颁布的法律文本才具有法律效力，书中法律文本之外的注解等内容，为编者方便读者阅读、理解而编写，仅供参考。

真诚希望本丛书的出版能给您在法律的应用上带来帮助和便利，同时也恳请广大读者对书中存在的不足之处提出批评和建议。

中国法治出版社

2025 年 9 月

适用导引

  建立不动产统一登记制度，是经济社会发展的必然要求，是加强和创新社会管理的重要手段，是贯彻落实关于建立不动产统一登记制度的重要举措，是规范不动产登记行为，维护不动产交易安全，保护不动产权利人合法权益的重要保障，也是国际上的通行做法。

  随着中国经济社会的快速发展，原有的不动产分散登记体制，已不能适应社会管理和社会经济活动的要求，分散登记产生的直接问题是，资源资产利用效益和社会管理效率低，交易活动不安全，公民和社会组织行使物权权利不方便等。2007年颁布实施的《物权法》确立了不动产统一登记制度。但是，由于机构体制等原因，不动产统一登记制度未能真正建立，不动产多头管理、职能重叠、重复登记的问题依然存在，不利于权利人合法权益的保护。党中央、国务院对此高度重视，大力推进改革。2013年3月，《国务院机构改革和职能转变方案》明确要求"减少部门职责交叉和分散。最大限度地整合分散在国务院不同部门相同或相似的职责，理顺部门职责关系"，其中就包括整合房屋登记、林地登记、草原登记、土地登记的职责，由一个部门承担。同年11月20日，国务院常务会议明确，由国土资源部负责指导监督全国土地、房屋、草原、林地、海域等不动产统一登记职责，基本做到登记机构、登记簿册、登记依据和信息平台"四统一"。中央编办下发的《中央编办关于整合不动产登记职责的通知》，明确了职责整合的路径和方向。建立和实施不动产统一登记制度的目的是按照完善制度、方便群众、统筹兼顾、平稳实施的原则，在基本实现登记机构、登记依据、登记簿册和信息平台"四统一"的基础上，加快形成权界清晰、分工合理、权责一致、运转高效、法治保障的不动产统一登记体系，最终实现各类不动产从分散登记到统一登记的转变，彻底转变政府职能，保障不动产交易安全，保护不动产权利人的合法财产权。

《不动产登记暂行条例》（适用导引部分简称《条例》）的基本框架：

《条例》共六章，三十五条。

第一章"总则"，共七条，对《条例》的立法目的及依据、不动产登记及不动产的概念、不动产登记的类型、不动产登记的原则、需要进行登记的不动产权利种类、不动产登记机构以及不动产登记管辖进行了规定。

第二章"不动产登记簿"，共六条，对不动产登记单元及不动产登记簿应当记载的事项、不动产登记簿的介质、不动产登记簿记载要求、不动产登记工作人员要求、不动产登记簿保管要求、不动产登记簿永久保存及移交等进行了规定。

第三章"登记程序"，共九条，对不动产登记申请情形、代理登记和撤回登记申请，登记申请应提交的材料，不动产登记机构初步审查，登记机构查验，登记机构实地查看和调查等审查职责，登记机构审查期限，完成登记，不予登记的情形等内容进行了规定。

第四章"登记信息共享与保护"，共六条，对不动产登记信息管理基础平台建设、不动产登记信息互通共享，各部门加强有关信息互通共享，工作人员保密义务，登记资料查询、复制，查询主体对登记信息不得随意泄露等内容进行了规定。

第五章"法律责任"，共四条，对不动产登记错误造成损害应承担赔偿责任，不动产登记机构工作人员在不动产登记工作中有渎职行为应承担法律责任，伪造、变造不动产权属证书或者不动产登记证明以及买卖、使用伪造、变造的不动产权属证书或者不动产登记证明应承担法律责任，泄露不动产登记资料、登记信息或者利用不动产登记资料、登记信息进行不正当活动应承担法律责任等进行了规定。

第六章"附则"，共三条，对以往证书是否有效以及农村土地承包经营权登记过渡期，授权国务院自然资源主管部门会同有关部门制定实施细则，并对《条例》生效日期等进行了规定。

《条例》的主要内容：

（一）关于登记机构。《条例》明确国务院自然资源主管部门负责指导、监督全国不动产登记工作，同时要求县级以上地方人民政府确定一个部门负责本行政区域不动产登记工作，并接受上级人民政府不动产登记主管部门的指导和监督。

（二）关于登记簿册。不动产登记簿是物权归属和内容的根据，严格规范登记簿的管理有利于保护不动产权利人的合法权益。《条例》规定，登记机构应当设立统一的登记簿，载明不动产的自然状况、权属状况等相关事项，并对登记簿的介质形式、登记机构的保管保存义务等进行明确。同时，为妥善处理好不动产统一登记过程中新证和老证之间的关系，《条例》特别强调，《条例》施行前依法颁发的各类不动产权属证书和制作的登记簿继续有效。

（三）关于登记程序。为贯彻落实党中央、国务院关于简政放权，在服务中实施管理、在管理中实现服务的要求，本着简化程序、方便群众的原则，《条例》规定，一是充分尊重申请人的意愿，允许申请人在特定情形下可以单方提出登记申请，在登记机构登记前还可以自愿撤回登记申请。二是要求登记机构公开申请登记所需材料目录和示范文本等信息，为申请人提供便利。三是规范受理，要求登记机构收到申请材料进行初步审查；申请人可以当场更正错误的，当场受理；登记机构未一次性告知申请人需要补正内容的，视为符合受理条件。四是登记机构能够通过互通共享取得的信息，不得要求申请人重复提交。

（四）关于登记信息共享与保护。统一不动产登记信息平台是不动产统一登记工作的重要内容，为加强登记信息共享与保护，《条例》专设一章作出规定，一是要求国务院自然资源主管部门应当会同有关部门建立统一的不动产登记信息管理基础平台，各级登记机构的信息要纳入统一基础平台，实现信息实时共享。二是自然资源、公安、民政、财政、税务、市场监管、金融、审计、统计等有关部门要加强不动产登记有关信息互通共享。三是明确权利人、利害关系人、有关国家机关有权依法查询、复制不动产登记资料。四是对查询获得的不动产登记信息、资料的使用进行规范。

2021年1月1日《民法典》施行后，《物权法》关于不动产登记的内容被《民法典》吸收，内容上基本保持原貌，仅《民法典》第219条内容为新增。

2024年8月7日，自然资源部发布2024年第40号公告，公告《国土资源部关于印发〈不动产登记操作规范（试行）〉的通知》（国土资规〔2016〕6号）已废止或者失效。2024年6月11日，自然资源部发布2024年第26号公告，公告《不动产登记规程》（中华人民共和国土地管理行业标准TD/T 1095—2024）自2024年9月1日起实施。自此，不动产登记应以《不动产登记规程》为标准和依据。

目　　录

不动产登记暂行条例

第一章　总　　则

第二章　不动产登记簿

第三章　登记程序

第四章 登记信息共享与保护

第五章 法律责任

第六章 附 则

配 套 法 规

实 用 附 录

不动产登记暂行条例

（2014 年 11 月 24 日中华人民共和国国务院令第 656
号公布　根据 2019 年 3 月 24 日《国务院关于修改部分
行政法规的决定》第一次修订　根据 2024 年 3 月 10 日
《国务院关于修改和废止部分行政法规的决定》第二次
修订）

第一章　总　　则

第一条　**【立法目的及依据】***　为整合不动产登记职责，规
范登记行为，方便群众申请登记，保护权利人合法权益，根据
《中华人民共和国民法典》等法律，制定本条例。

> **注解**

　　登记的本质目的是确定不动产的权利归属，并在登记簿上进行记载公
示，从而达到保护不动产物权的目的。很多人把不动产登记作为遏制腐败或
者限制房价的主要工具。但是，我们应当准确认识到整合不动产登记职责，
规范登记行为，方便群众申请登记，保护权利人合法权益，才是《不动产登
记暂行条例》起草的直接目的。虽然随着不动产登记制度的完善，特别是登
记信息的准确，可能会对遏制腐败、稳定房价带来一定的影响，但是这些并
不是不动产登记的直接目的。

　　2021 年 1 月 1 日《民法典》施行后，《物权法》关于不动产登记的内容被
《民法典》吸收，内容上基本保持原貌，仅《民法典》第 219 条内容为新增。

---

　　*　条文主旨为编者所加，全书同。

《民法典》第 209 条第 1 款规定，不动产物权的设立、变更、转让和消灭，经依法登记，发生效力；未经登记，不发生效力，但是法律另有规定的除外。即，不动产物权变动必须依照法律规定进行登记，除法律另有规定外，只有经过登记，才能够发生物权变动的效果，才能取得不动产物权变动的外部特征和公信力，从而更好地保护权利利人的合法权益。

应用

1. 《民法典》生效后不动产登记证明上的法律依据仍为《物权法》是否会影响登记证明的效力？

为落实《民法典》相关规定，2021 年 4 月，自然资源部印发《自然资源部关于做好不动产抵押权登记工作的通知》（自然资发〔2021〕54 号），明确更改法律依据，更新相关法律依据，将电子和纸质不动产权证书、不动产登记证明中的"《中华人民共和国物权法》"修改为"《中华人民共和国民法典》"。同时，为厉行节约、避免浪费，原已印制的存量证书证明可以继续使用完为止。

配套

《民法典》第 209 条

第二条　【不动产登记及不动产的概念】本条例所称不动产登记，是指不动产登记机构依法将不动产权利归属和其他法定事项记载于不动产登记簿的行为。

本条例所称不动产，是指土地、海域以及房屋、林木等定着物。

注解

不动产一般指不可移动的物或者财产，我国法律只有《担保法》① 对不动产的含义进行了界定，其第 92 条规定，该法所称不动产是指土地以及房

---

① 　2020 年 5 月 28 日第十三届全国人民代表大会第三次会议通过《中华人民共和国民法典》，自 2021 年 1 月 1 日起施行。《中华人民共和国担保法》《中华人民共和国民法通则》同时废止。

屋、林木等地上定着物。该法所称动产是指不动产以外的物。另外，1988年公布的《最高人民法院关于贯彻执行〈中华人民共和国民法通则〉若干问题的意见（试行）》规定，"土地、附着于土地的建筑物及其他定着物、建筑物的固定附属设备为不动产"。

《民法典》第210条、第214条、第216条

第三条　【不动产登记类型】不动产首次登记、变更登记、转移登记、注销登记、更正登记、异议登记、预告登记、查封登记等，适用本条例。

对不动产登记类型的规定，对于确保不动产登记的真实与准确，维护不动产登记簿的公示力与公信力，保护广大民事主体的不动产物权，具有重要的意义。

首先，《不动产登记暂行条例》是原《物权法》的配套规定，旨在贯彻落实原《物权法》和其他法律关于不动产登记的规定。但是，原《物权法》属于不动产登记的实体法，而《条例》是不动产登记的程序法。不动产登记程序法关注的问题是，何种情形下、在符合哪些条件时，不动产登记机构应当按照何种程序、依据何种标准进行登记。不动产登记的类型众多，不同的登记类型，从申请人、申请材料到审核甚至颁发权属证书上都有所不同。因而，《条例》需要对不动产登记类型作出明确规定。

其次，在《不动产登记暂行条例》中对不动产登记类型作出规定，有利于实现国务院要求的不动产登记"四个统一"的目标。按照国务院的规定，不动产统一登记就是要将分散在多个部门的不动产登记职责整合由一个部门承担，做到登记机构、登记簿册、登记依据和信息平台"四统一"。

《民法典》第220条、第221条；《最高人民法院关于适用〈中华人民共和国民法典〉物权编的解释（一）》第3—5条；《最高人民法院、国土资源部、建设部关于依法规范人民法院执行和国土资源房地产管理部门协助执行若干问题的通知》

第四条　【登记原则】国家实行不动产统一登记制度。

不动产登记遵循严格管理、稳定连续、方便群众的原则。

不动产权利人已经依法享有的不动产权利，不因登记机构和登记程序的改变而受到影响。

注解

本条中稳定连续原则主要体现在以下方面：一是从保障不动产权利的角度出发，要求建立不动产统一登记制度后，不影响权利人行使权利。其中，本条第3款"不动产权利人已经依法享有的不动产权利，不因登记机构和登记程序的改变而受到影响"的规定就是稳定连续原则的具体体现。同时，《条例》第33条第1款也规定："本条例施行前依法颁发的各类不动产权属证书和制作的不动产登记簿继续有效。"这也是稳定连续原则的具体体现。二是从行政管理角度出发，保持行政管理的稳定性。国家建立不动产统一登记制度，整合不动产登记职责，不影响各部门继续行使其权属管理、交易管理等法定职责，仅仅是将不动产登记职责整合到一个部门，通过建立不动产登记信息管理基础平台等方式，加强不动产管理相关信息的交流共享，并不影响各部门固有的其他管理职责。

配套

《民法典》第210条

第五条　【不动产登记权利种类】下列不动产权利，依照本条例的规定办理登记：

（一）集体土地所有权；

（二）房屋等建筑物、构筑物所有权；

（三）森林、林木所有权；

（四）耕地、林地、草地等土地承包经营权；

（五）建设用地使用权；

（六）宅基地使用权；

（七）海域使用权；

（八）地役权；

（九）抵押权；

（十）法律规定需要登记的其他不动产权利。

注解

本条以列举的方式明确了需要登记的不动产的权利种类。

（1）所有权登记

按照《民法典》规定，所有权包括国家所有权、集体所有权和私人所有权。

关于国家所有权，根据《民法典》第209条的规定，依法属于国家所有的自然资源，所有权可以不登记。因此，国家所有的土地、森林、林木、林地、草原、海域、无居民海岛所有权可以不进行登记。但是，《森林法》第15条明确规定，林地和林地上的森林、林木的所有权、使用权，由不动产登记机构统一登记造册，核发证书。国务院确定的国家重点林区的森林、林木和林地，由国务院自然资源主管部门负责登记。因此，国家所有的森林和林木的所有权需要进行登记。

集体所有权包括集体土地（集体所有的荒山、荒沟、荒丘、荒滩）所有权，集体森林、林木和林地所有权，集体草原所有权。因此，需要登记的集体所有权应当包括集体土地所有权以及集体森林、林木所有权。

个人所有权包括房屋所有权以及个人林木所有权。

本条第1项至第3项所列即需要登记的所有权包括：集体土地所有权；房屋等建筑物、构筑物所有权；森林、林木所有权。

（2）用益物权登记

根据《民法典》及相关法律法规规定，需要登记的用益物权即本条第4项至第8项所列权利，包括：耕地、林地、草地等土地承包经营权；建设用地使用权；宅基地使用权；海域使用权；地役权。

（3）担保物权登记

由于质权和留置权不适用于不动产，因此需要登记的担保物权只有抵押权。由于有的不动产权利可以抵押，有的不能抵押，再加上种类繁多，因此可以笼统地规定为抵押权。本条第9项作出了相应规定。

（4）其他需要登记的不动产权利

本条第10项规定"法律规定需要登记的其他不动产权利"主要是为了

5

与未来建立自然资源统一登记进行衔接。根据《自然资源统一确权登记暂行办法》第 3 条，对水流、森林、山岭、草原、荒地、滩涂、海域、无居民海岛以及探明储量的矿产资源等自然资源的所有权和所有自然生态空间统一进行确权登记，适用该办法。

根据《民法典》《农村土地承包法》《土地管理法》《优化营商环境条例》等法律行政法规的规定，土地经营权、国有农用地的使用权、林权、居住权等也属于需要登记的不动产权利。

配套

《民法典》第 262 条、第 333 条、第 335 条；《宪法》第 10 条第 2 款；《土地管理法》第 4 条第 2 款、第 3 款，第 9 条第 2 款；《农村土地承包法》第 23 条、第 35 条；《海域使用管理法》第 32 条；《国土资源部、中央农村工作领导小组办公室、财政部、农业部关于农村集体土地确权登记发证的若干意见》第 4 条；《国土资源部、财政部、住房和城乡建设部、农业部、国家林业局关于进一步加快推进宅基地和集体建设用地使用权确权登记发证工作的通知》；《国家土地管理局关于印发〈确定土地所有权和使用权的若干规定〉的通知》

第六条　【不动产登记机构】国务院自然资源主管部门负责指导、监督全国不动产登记工作。

县级以上地方人民政府应当确定一个部门为本行政区域的不动产登记机构，负责不动产登记工作，并接受上级人民政府不动产登记主管部门的指导、监督。

注解

国务院自然资源主管部门是不动产登记的主管机构。本条第 1 款确认了国务院自然资源主管部门负责指导、监督全国不动产登记工作，这是《条例》对国务院机构改革成果的确认。土地是最重要、最基础的不动产，房屋等不动产依附于土地，不能脱离土地而独立存在。以土地为主进行登记，可以包容其他的不动产的登记，而以房屋等为主进行登记，则无法包容无建筑物的土地的登记，如城市空地、道路、公园等。另外，附着于土地的房屋、林木等经常因灭失、砍伐等原因发生变动，而土地是相对永恒不变的，以土地为主统一不动产登记有利于保持登记的持续性和长久性。因此，由自然资源主管部门负责全国不动产统一登记工作是合理的。

需要注意的是，根据《深化党和国家机构改革方案》，将国土资源部的职责，国家发展和改革委员会的组织编制主体功能区规划职责，住房和城乡建设部的城乡规划管理职责，水利部的水资源调查和确权登记管理职责，农业部的草原资源调查和确权登记管理职责，国家林业局的森林、湿地等资源调查和确权登记管理职责，国家海洋局的职责，国家测绘地理信息局的职责整合，组建自然资源部，作为国务院组成部门。2024 年 3 月 10 日，《国务院关于修改和废止部分行政法规的决定》将本条中的国土资源主管部门修改为自然资源主管部门。

配套

《农村土地承包法》第 24 条；《草原法》第 11 条；《渔业法》第 11 条；《渔业法实施细则》第 10 条；《城市房地产管理法》第 61 条；《土地管理法》第 12 条；《森林法》第 14 条；《海域使用管理法》第 7 条

第七条　【登记管辖】不动产登记由不动产所在地的县级人民政府不动产登记机构办理；直辖市、设区的市人民政府可以确定本级不动产登记机构统一办理所属各区的不动产登记。

跨县级行政区域的不动产登记，由所跨县级行政区域的不动产登记机构分别办理。不能分别办理的，由所跨县级行政区域的不动产登记机构协商办理；协商不成的，由共同的上一级人民政府不动产登记主管部门指定办理。

国务院确定的重点国有林区的森林、林木和林地，国务院批准项目用海、用岛，中央国家机关使用的国有土地等不动产登记，由国务院自然资源主管部门会同有关部门规定。

注解

不动产登记管辖采属地登记原则，所谓属地登记原则就是不动产登记应当由不动产所在地的登记机构办理，即《民法典》第 210 条所规定的"不动产登记，由不动产所在地的登记机构办理"。属地登记是不动产登记的基本原则，这是由不动产的不能移动的本质属性所决定的。不论土地，还是房屋或是其他不动产都应当实行属地登记原则。因此本条第1款明确规定"不动产登记由不动产所在地的县级人民政府不动产登记机构办理"。

不动产登记应当遵循属地登记原则，但也会存在一些例外情况。按照《中央编办关于整合不动产登记职责的通知》的要求，国土资源部会同林业局负责国务院确定的重点国有林区森林、林木、林地的登记发证；会同海洋局负责国务院批准项目用海、用岛的海域使用权和无居民海岛使用权的登记发证等。为此，本条第3款规定，国务院确定的重点国有林区的森林、林木和林地，国务院批准项目用海、用岛，中央国家机关使用的国有土地等不动产登记，由国务院自然资源主管部门会同有关部门规定。

根据《不动产登记暂行条例实施细则》第3条，不动产登记机构依照《条例》第7条第2款的规定，协商办理或者接受指定办理跨县级行政区域不动产登记的，应当在登记完毕后将不动产登记簿记载的不动产权利人以及不动产坐落、界址、面积、用途、权利类型等登记结果告知不动产所跨区域的其他不动产登记机构。

配套

《民法典》第210条；《土地管理法实施条例》第9条；《森林法实施条例》第4条第1款第1项

第二章　不动产登记簿

第八条　【不动产登记簿】不动产以不动产单元为基本单位进行登记。不动产单元具有唯一编码。

不动产登记机构应当按照国务院自然资源主管部门的规定设立统一的不动产登记簿。

不动产登记簿应当记载以下事项：

（一）不动产的坐落、界址、空间界限、面积、用途等自然状况；

8

（二）不动产权利的主体、类型、内容、来源、期限、权利变化等权属状况；

（三）涉及不动产权利限制、提示的事项；

（四）其他相关事项。

注 解

不动产以不动产单元为基本单位进行登记。不动产单元是指权属界线封闭且具有独立使用价值的空间。独立使用价值的空间应当足以实现相应的用途，并可以独立利用。

1. 没有房屋等建筑物、构筑物以及森林、林木定着物的，以土地、海域权属界线封闭的空间为不动产单元。

2. 有房屋等建筑物以及森林、林木定着物的，以该房屋等建筑物以及森林、林木定着物与土地、海域权属界线封闭的空间为不动产单元。

3. 有地下车库（车位）、商铺等具有独立使用价值的特定空间或者码头、油库、隧道、桥梁、铁路等构筑物的，以该特定空间或者构筑物与土地、海域权属界线封闭的空间为不动产单元。

不动产单元应按照《不动产单元设定与代码编制规则》（GB/T 37346—2019）的规定进行设定与编码。不动产登记机构负责本辖区范围内的不动产单元代码编制、变更与管理工作，确保不动产单元编码的唯一性。

本条第3款规定了不动产登记簿的主要记载事项：一是不动产的自然状况。坐落是指宗地所在地的名称；界址主要是通过地籍编号和图号体现；面积是指宗地的大小；用途是指土地的使用类型，具体包括水田、果园、天然牧草地、住宿餐饮用地等，按照《土地利用现状分类》（GB/T 21010—2017）的规定予以记载，对于房屋而言，还包括房屋的楼层等信息。二是不动产的权属状况。权利人是指土地使用权人或所有权人；类型是指集体土地所有权、国有建设用地使用权等类型；内容是指房屋容积率等限制内容；来源是指继承、转让、赠与等取得土地权利的方式；期限是指土地使用权的期限；权利变化情况是指不动产权利的转移、延续、注销等情况。三是涉及不动产权利限制、提示事项。这主要是针对异议登记、预告登记、查封登记等登记类型而规定的。在异议登记的情况下，登记簿记载的是他人对登记簿记载提出异议这一客观事实；在预告登记的情况下，登记簿记载的是他人享有将来发生物权变动请求权这一事实；在查封登记的情况下，登记簿记载的是司法机关查封的事实。上述情况下都未发生权属的实际变动，记载只是一种风险的提示和权利的限制。

2. 不动产登记簿有哪些法律效力？

一般认为不动产登记簿具有以下两个方面的效力：

（1）推定力。根据《民法典》的规定，不动产登记簿是不动产权利归属和权利内容的根据，即不动产登记簿上记载某人享有某项物权时，推定该人享有该项权利，其权利的内容也以不动产登记簿上的记载为准。实践中，虽然登记簿记载的权利状况与实际情况可能存在不相符的情况，但是在没有经过异议登记、更正登记等法定登记程序前，法律依然推定登记簿记载的权利人为真正的权利人。这一方面是由于不动产权利的登记需要经过登记机关的审查，一般情况下记载状况与真实权利状况基本一致，具有较高的可信度；另一方面，赋予登记簿推定力，也有利于降低交易信息审查成本，提高交易的效率。同时，登记簿的推定力还体现在，当登记权利人的权利受到侵犯时，权利人可以以不动产登记簿作为要求法律救济的依据；当登记权利人与他人发生财产权争执时，不动产登记簿可以作为权利人的权利证明文件。

（2）公信力。这是指即便不动产登记簿上记载的物权归属、内容与真实的物权归属、内容不一致，信赖登记簿上记载之人仍可如同登记簿记载正确时那样，以法律行为取得相应的不动产物权。《民法典》规定了不动产的善意取得制度，其第 311 条规定："无处分权人将不动产或者动产转让给受让人的，所有权人有权追回；除法律另有规定外，符合下列情形的，受让人取得该不动产或者动产的所有权：（一）受让人受让该不动产或者动产时是善意；（二）以合理的价格转让；（三）转让的不动产或者动产依照法律规定应当登记的已经登记，不需要登记的已经交付给受让人。受让人依据前款规定取得不动产或者动产的所有权的，原所有权人有权向无处分权人请求损害赔偿。当事人善意取得其他物权的，参照适用前两款规定。"因此，即使不动产登记簿记载错误，由于登记簿具有公信力，善意第三人的利益依然受法律保护。

3. 什么是地籍调查?

申请人申请不动产首次登记或者涉及面积、界址范围变化的不动产变更登记,应按照《地籍调查规程》(GB/T 42547)等相关标准开展地籍调查,提交不动产界址、面积等地籍调查成果。

(1)申请人委托第三方开展地籍调查时,不动产登记机构应及时提供相关资料,指导做好地籍调查工作。

(2)政府统一组织开展的集体土地所有权、宅基地使用权、集体建设用地使用权、土地承包经营权等的首次登记以及土地承包期限到期后再延包的土地承包经营权变更登记,应由政府有关部门组织获取所需的权属来源、地籍调查等登记材料。

(3)对于前期行业管理中已经产生的调查成果,经不动产登记机构审核,符合不动产登记要求的,应继续沿用,不再重复调查;不符合不动产登记要求的,应开展补充调查。申请不动产变更、转移等登记时,不动产界址未发生变化的,原则上应沿用已有的地籍调查成果,不应要求申请人重复提交;不动产界址发生变化的,应告知申请人补充开展地籍调查,重新提交地籍调查成果。需要完成房屋落幢落宗等相关工作补充开展地籍调查的,应由政府有关部门组织实施。

不动产登记机构应加强地籍调查成果审核确认工作,结合日常登记实时更新地籍数据库,并与不动产登记数据库实现联动,确保地籍数据的现势、有效和安全。

地籍调查宜贯穿建设项目用地预审与规划选址、农用地转用审批、建设用地规划许可、土地供应、建设工程规划许可、不动产登记等土地、规划管理各环节,实现"一码管地"。

4. 将缺乏法律依据的约定内容进行不动产登记,是否违反物权法定原则?

不动产登记系对物权的公示,涉及民事、行政双重法律关系,既应遵循物权法定等民事法律规范,又应符合不动产登记相关行政法规。物权的种类和内容由法律规定,当事人无权通过约定变更物权的法定内容。登记机关如将缺乏法律依据的约定内容进行登记,有违物权法定原则,当事人请求撤销相关登记内容的,人民法院应予支持。(城开公司诉昆山市国土局不动产行政登记及行政赔偿案,《最高人民法院公报》2022 年第 8 期)

《最高人民法院关于适用〈中华人民共和国民法典〉物权编的解释（一）》第2条、第15条；《不动产登记暂行条例实施细则》第5条、第6条；《国土资源部办公厅关于规范不动产权籍调查有关工作的通知》；《不动产登记规程》4.3、4.4

第九条　【不动产登记簿的介质】不动产登记簿应当采用电子介质，暂不具备条件的，可以采用纸质介质。不动产登记机构应当明确不动产登记簿唯一、合法的介质形式。

不动产登记簿采用电子介质的，应当定期进行异地备份，并具有唯一、确定的纸质转化形式。

不动产登记簿应采用电子介质，并具有唯一、确定的纸质转化形式。暂不具备条件的，可采用纸质介质。

不动产登记机构应配备专门的不动产登记电子存储设施，采取信息网络安全防护措施，保证电子数据安全，并做好日常本地数据备份和定期异地备份。

虽然电子登记簿使用较为便利，易于保存和传输，极大地提高了登记效率，但是受网络上诸多不安全因素影响的可能性比较大，为了避免因系统故障、自然灾害等导致登记资料的遗失破坏，《条例》规定应当定期进行异地备份。电子登记簿应当有唯一、确定的纸介质转化形式，简单来说，就是其中的信息能够以唯一、确定的格式以纸质的形式打印出来，以便管理保存或者查询需要。

不动产登记簿由不动产登记机构建立。不动产登记簿应以宗地、宗海为单位编制，一宗地或者一宗海范围内的全部不动产编入一个不动产登记簿。宗地或者宗海权属界线发生变化的，应新建不动产登记簿，并实现与原不动产登记簿关联。一个不动产单元有两个以上不动产权利或者事项的，在不动产登记簿中分别按照一个权利类型或者事项设置一个不动产登记簿页。一个不动产登记簿页按登簿时间的先后依次记载该权利或者事项的相关内容。

《不动产登记暂行条例实施细则》第7条;《不动产登记规程》4.5.1

第十条　【不动产登记要求】不动产登记机构应当依法将各类登记事项准确、完整、清晰地记载于不动产登记簿。任何人不得损毁不动产登记簿,除依法予以更正外不得修改登记事项。

注解

根据《民法典》第216条第1款的规定,不动产登记簿是物权归属和内容的根据。在建立不动产登记制度的情况下,不动产登记成为物权制度的基础。不动产登记簿所记载的权利的正确性推定效力对客观、公正的不动产交易秩序的建立有着极为重要的意义。

可以修改登记事项的唯一例外是依法进行更正登记。更正登记有两种方式:一种是经权利人(包括登记上的权利人和事实上的权利人)以及利害关系人申请的登记;另一种是登记机关自己发现错误后作出的更正登记。

应用

5. 不动产登记簿的记载要求有哪些?

根据《民法典》第216条第1款的规定,不动产登记簿是物权归属和内容的根据。即,在不动产登记簿上记载某人享有某项物权时,推定该人享有该项权利,其权利的内容也以不动产登记簿上的记载为准。正因为不动产登记簿的重要作用,对其记载需符合一定的要求。

"各类登记事项"指的就是《条例》第8条第3款所规定的不动产登记簿应当记载的事项。"准确",要求记载的各类登记事项应与真实状况保持一致;"完整",要求毫无遗漏地将应当记载的各类登记事项记载于不动产登记簿上,包括各种自然状况、权属状况和其他事项;"清晰",要求在不动产登记簿上能够清楚明晰地看到所记载的各类登记事项。

第十一条　【不动产登记人员】不动产登记工作人员应当具备与不动产登记工作相适应的专业知识和业务能力。

不动产登记机构应当加强对不动产登记工作人员的管理和专业技术培训。

注 解

不动产登记人员是指直接从事不动产权属审核和登记审查的工作人员。由于不动产登记是非常专业的活动且涉及的是价值巨大的不动产权利，为了确保登记结果的真实性与准确性，有效维护不动产交易的安全与效率，各国都对不动产登记机构工作人员有很高的要求。因此，《条例》对登记人员提出了要求，一方面要求从事登记的人员应当具备相应的专业知识和业务能力，保障登记人员具备开展不动产登记的基本业务素质；另一方面也强调登记机构对登记人员的后续培训教育，保证登记人员能够适应不断发展的不动产权登记管理的需求。

根据《不动产登记暂行条例实施细则》第8条，承担不动产登记审核、登簿的不动产登记工作人员应当熟悉相关法律法规，具备与其岗位相适应的不动产登记等方面的专业知识。自然资源部会同有关部门组织开展对承担不动产登记审核、登簿的不动产登记工作人员的考核培训。

配 套

《不动产登记暂行条例实施细则》第8条

第十二条　【不动产登记簿的保管】不动产登记机构应当指定专人负责不动产登记簿的保管，并建立健全相应的安全责任制度。

采用纸质介质不动产登记簿的，应当配备必要的防盗、防火、防渍、防有害生物等安全保护设施。

采用电子介质不动产登记簿的，应当配备专门的存储设施，并采取信息网络安全防护措施。

注 解

对于电子介质不动产登记簿的保存，由于电子登记簿比纸质登记簿存在更多的安全和隐私保护等方面的问题，需要对其配备专门的存储设施，并采取信息网络安全防护措施，具体来说应包括以下三个方面：第一，保证电子登记簿的安全。电子介质登记簿因需要接入互联网，所以既容易感染病毒，也容易遭受黑客攻击。因此，采用电子介质登记簿的登记机构必须对电子登

14

记簿配备充分的电子安全防护措施，如安装杀毒软件、防火墙、将内网与外网分开等。同时，这些登记机构应当每天对登记簿的数据进行异地备份并且异地保存。对于异地备份保存的数据，同样应采取充足的信息网络安全防护措施。第二，严格管理电子登记簿。为了防止电子介质登记簿被篡改，必须建立严格的规范，以确保对电子介质登记簿的数据之录入、存储、输出、运输进行严格有效的管理。例如，电子登记簿应当设置相应的加密程序，只有依其权限获得相应密码授权的人才能进入电子登记簿的信息系统进行相应的操作。第三，严格规范和控制电子签章。在纸质登记簿上可以直接由登记机构的相关人员进行签名并加盖印章，但是采用电子登记簿则需要进行电子签名，这方面的安全问题也需要严格规范和控制。

配套

《民法典》第 216 条第 2 款

第十三条　【不动产登记簿的保存和移交】不动产登记簿由不动产登记机构永久保存。不动产登记簿损毁、灭失的，不动产登记机构应当依据原有登记资料予以重建。

行政区域变更或者不动产登记机构职能调整的，应当及时将不动产登记簿移交相应的不动产登记机构。

注解

对于"重建"的含义，通说认为包括不动产登记簿的重造与补造。所谓不动产登记簿的重造，是指不动产登记簿损坏或原有格式更新时，登记机关将原有登记簿上所记载的内容登录到新的登记簿上的行为。而不动产登记簿的补造是指登记簿因某种原因毁损或灭失时，登记机关依照不动产其他资料（主要是档案资料）进行补充登记的行为。

不动产登记遵循属地登记原则，不动产在哪个行政区域，自然由该行政区域的不动产登记机构负责登记，不动产登记簿也相应由其负责管理、保存。所以，当行政区域变更或者不动产登记机构职能调整时，应当及时将不动产登记簿移交相应的不动产登记机构。

《国土资源部办公厅关于做好灾后地籍档案恢复和土地登记工作的通知》
第2条

第三章 登记程序

第十四条 **【登记申请】**因买卖、设定抵押权等申请不动产
登记的，应当由当事人双方共同申请。

属于下列情形之一的，可以由当事人单方申请：

（一）尚未登记的不动产首次申请登记的；

（二）继承、接受遗赠取得不动产权利的；

（三）人民法院、仲裁委员会生效的法律文书或者人民政府
生效的决定等设立、变更、转让、消灭不动产权利的；

（四）权利人姓名、名称或者自然状况发生变化，申请变更
登记的；

（五）不动产灭失或者权利人放弃不动产权利，申请注销登
记的；

（六）申请更正登记或者异议登记的；

（七）法律、行政法规规定可以由当事人单方申请的其他
情形。

注解

本条规定了依申请登记的原则，无论是单方申请还是双方申请，都应当
依据当事人的申请启动登记程序。但是，依申请登记原则也存在例外情况，
对于法律法规另有规定的可以依职权进行登记的情形，登记机构可以在当事
人未申请的情况下进行登记。主要包括查封登记、可依职权进行的注销登
记、因已登记的不动产所在地的名称发生变化进行的变更登记。

本条第1款明确了不动产登记以共同申请为原则。共同申请是不动产登
记申请的一般方式，主要适用于因法律行为而产生物权变动的情形，如房屋

买卖、交换、赠与、抵押等，这些行为都属于民事法律行为中的双方法律行为，需要双方意思表示一致才能成立。为了查清登记事实，减少登记错误，提高登记结果的准确性和权威性，降低因登记错误而产生的赔偿风险，不动产登记应当由双方当事人共同向登记机关申请。共同申请是不动产登记申请的一般方式，也是我国登记实务所采用的通常做法，单方申请只是例外。其中涉及第三人的，还应当征得第三人的意见。

应 用

6. 如何处理继承、受遗赠的不动产登记?

继承开始后，继承权、遗赠事实经公证或者法院裁判、调解确定的，申请人提交下列材料办理不动产登记：申请人身份证明；被继承人或者遗赠人享有不动产权利的材料；继承权公证书、接受遗赠公证书或者确定继承权、遗赠事实的生效法律文书。

申请人未提交继承权公证书、接受遗赠公证书等公证材料或者确定继承权、遗赠事实的生效法律文书的，可按照下列程序办理：

（1）申请人提出申请，并提交下列材料：

（a）所有继承人的身份证明；受遗赠的，还需提交受遗赠人的身份证明；

（b）被继承人或者遗赠人的死亡证明：包括医疗机构出具的死亡证明；公安机关出具的死亡证明或者注明了死亡日期的注销户口证明；民政部门提供的死亡信息；人民法院宣告死亡的判决书；死亡公证书；其他能够证明被继承人或者遗赠人死亡的材料；

（c）全部法定继承人与被继承人的亲属关系表，以及能够证明法定继承人与被继承人亲属关系的材料，包括户口簿、婚姻关系材料、收养关系材料、出生医学证明，公安机关、村民委员会、居民委员会以及被继承人或者继承人单位出具的证实材料、人事档案材料，其他能够证明相关亲属关系的材料等；

（d）被继承人或者遗赠人享有不动产权利的材料。被继承人或者遗赠人生前与配偶有夫妻财产约定的，还应提交书面约定协议；

（e）法定继承的，继承人之间就继承的不动产份额达成协议的，提交法定继承人关于被继承不动产的分配协议；

（f）继承人放弃继承的，应在不动产登记机构办公场所，在不动产登记机构人员的见证下，签署放弃继承权的声明，或者提供放弃继承权声明的公证书；

（g）被继承人或者遗赠人生前有遗嘱或者遗赠扶养协议的，还应提交其遗嘱或者遗赠扶养协议；

（h）依法应纳税的，提交完税结果材料；

（i）代位继承或者转继承的，可参照上述材料提供。

（2）法定继承的，受理登记前应由全部法定继承人共同向不动产所在地的不动产登记机构进行继承材料查验；有第一顺序继承人的，第二顺序继承人无需到场。提供放弃继承权公证书的，该继承人无需到场；

（3）遗嘱继承的，受理登记前应由全部法定继承人共同向不动产所在地的不动产登记机构查验遗嘱的有效性以及是否为最后一份遗嘱；有第一顺序继承人的，第二顺序继承人无需到场；

（4）受遗赠的，受理登记前应由全部法定继承人和受遗赠人共同向不动产所在地的不动产登记机构查验申请材料；有第一顺序继承人的，第二顺序继承人无需到场；

（5）不动产登记机构应重点查验当事人的身份证明、当事人与被继承人的亲属关系、被继承人或者遗赠人有无其他继承人、被继承人或者遗赠人和已经死亡的继承人或者受遗赠人的死亡事实、被继承人或者遗赠人生前有无遗嘱或者遗赠扶养协议、申请继承的不动产是否属于被继承人或者遗赠人个人所有等；

（6）不动产登记机构可就继承人及受遗赠人是否齐全、是否愿意接受遗赠或者放弃继承、就不动产分配协议或者遗嘱内容及真实性是否有异议、所提交的资料是否真实等内容进行询问，做好记录，由全部相关人员签名确认，并要求申请人签署继承（受遗赠）不动产登记具结书；

（7）经查验及询问，符合《不动产登记规程》5.3.6.1规定的受理条件的，不动产登记机构应予以受理；

（8）受理后，不动产登记机构应按照《不动产登记规程》5.4规定的审核规则进行审核。认为需要进一步核实情况的，可向出具相关材料的单位、被继承人、遗赠人或者继承人所在单位或者住所地的村民委员会、居民委员会核实，相关单位和组织应配合；

（9）对拟登记的不动产登记事项在不动产登记机构门户网站上进行公告，公告期不少于 15 个工作日。公告期满无异议或者异议不成立的，将申请登记事项记载于不动产登记簿；

（10）针对确实难以获取的死亡证明、亲属关系证明，可根据实际情况由申请人书面承诺替代，但列入全国法院失信被执行人名单或者诚信体系失信名单的申请人不适用。

继承中可按遗嘱执行人担任、继承人推选担任、继承人共同担任、被继承人生前住所地的民政部门或者村民委员会担任以及人民法院指定担任等方式确定遗产管理人。

按继承人推选担任、继承人共同担任确定遗产管理人的，遗产管理人应提交其身份确认、遗产分割材料，参照《不动产登记规程》4.9.2 的规定办理。

遗嘱执行人担任、人民法院指定或者被继承人生前住所地的民政部门、村民委员会担任遗产管理人的，遗产管理人提交其身份确认、遗产分割材料等，可代为申请不动产继承登记。

7. 一并申请登记的情形有哪些？

符合以下情形的，申请人可一并申请。申请人一并申请的，不动产登记机构应一并受理，就不同的登记事项依次分别记载于不动产登记簿的相应簿页：

（1）预购商品房预告登记与预购商品房抵押预告登记；

（2）预购商品房预告登记转房屋所有权登记与预购商品房抵押预告登记转抵押权登记；

（3）建筑物所有权首次登记与在建建筑物抵押权登记转建筑物抵押权登记；

（4）不动产变更登记导致抵押权变更的，不动产变更登记与抵押权变更登记；

（5）不动产转移登记与抵押权首次登记或者抵押权变更登记；

（6）不动产变更、转移登记致使地役权、土地经营权变更、转移的，不动产变更登记、转移登记与地役权、土地经营权变更、转移登记；

（7）不动产坐落位置等自然状况发生变化的，变更登记可与其他登记一并办理；

（8）因流转取得的土地经营权，土地被依法征收或者转为建设用地、土地灭失、土地承包经营权消灭的，土地承包经营权注销登记可与土地经营权注销登记一并办理；

（9）因遗嘱设立居住权的，居住权的首次登记可与因继承、受遗赠不动产的转移登记一并办理；

（10）围填海造地工程竣工后，海域使用权的注销登记可与国有土地使用权的首次登记一并办理；

（11）《不动产登记规程》规定以及不动产登记机构认为可合并办理的其他情形。

已办理首次登记的不动产，申请人因继承、受遗赠，或者人民法院、仲裁机构的生效法律文书取得该不动产但是尚未办理转移登记，又因继承、受遗赠，或者人民法院、仲裁机构的生效法律文书导致不动产权利转移的，不动产登记机构应首先将之前转移登记的有关事项在不动产登记簿的附记栏中记载但不颁发证书，涉及纳税的，应查验相关完税结果材料是否齐全，再依法办理后续登记。

对未办理首次登记的不动产，具备首次登记条件的，不动产登记机构应按照人民法院生效法律文书和协助执行通知书，一并办理首次登记和转移登记或者首次登记和查封登记；不具备首次登记条件的，不动产登记机构应向人民法院书面说明情况，不予办理登记，但具备预查封条件的除外。

对未办理首次登记的不动产，因继承、受遗赠导致不动产权利转移的，由继承人或者受遗赠人一并申请首次登记和转移登记。

8. 异议登记需要提交的申请材料包括哪些？

申请异议登记需提交下列材料：

（1）不动产登记申请书，申请人身份证明；

（2）证实对登记的不动产权利有利害关系的材料；

（3）证实不动产登记簿记载的事项错误的材料。

9. 异议登记的审查要点有哪些？

不动产登记机构在审核过程中应注意以下要点：

（1）利害关系材料是否能够证实申请人与被异议的不动产权利有利害关系；

（2）异议登记事项的内容是否已经记载于不动产登记簿；

（3）同一申请人是否就同一异议事项以同一理由提出过异议登记申请；

（4）不动产被查封、抵押或者设有地役权、居住权的，不影响该不动产的异议登记；

（5）《不动产登记规程》5.4要求的其他审查事项。

不存在《不动产登记规程》5.4.8规定的不予登记情形的，不动产登记机构应即时办理。将登记事项记载于不动产登记簿，并向申请人核发不动产登记证明。

10. 依申请更正登记需要提交的申请材料包括哪些？

申请更正登记提交的材料包括：

（1）不动产登记申请书，申请人身份证明。

（2）证实不动产登记簿记载事项错误的材料，但不动产登记机构书面通知相关权利人申请更正登记的除外。

（3）申请人为不动产权利人的，提交不动产权属证书；申请人为利害关系人的，提交证实与不动产登记簿记载的不动产权利存在利害关系的材料。

11. 依申请更正登记的审查要点有哪些？

不动产登记机构在审核过程中应注意以下要点：

（1）申请人是否是不动产的权利人或者利害关系人；利害关系人申请更正的，利害关系材料是否能够证实申请人与被更正的不动产有利害关系。

（2）权利人同意更正的，在权利人出具的书面材料中，是否已明确同意更正的意思表示，并且申请人是否提交了证实不动产登记簿确有错误的材料；更正事项由人民法院、仲裁机构法律文书等确认的，是否已经发生法律效力。

（3）申请更正的登记事项是否已在不动产登记簿记载；错误登记之后是否已经办理了涉及不动产权利处分的登记、预告登记或者查封登记。

（4）《不动产登记规程》5.4要求的其他审查事项。

不存在《不动产登记规程》5.4.8规定的不予登记情形的，将更正事项记载于不动产登记簿，涉及不动产权证书或者不动产登记证明记载内容的，向权利人换发不动产权证书或者不动产登记证明。

12. 依职权更正登记需要提交的申请材料包括哪些？

不动产登记机构发现不动产登记簿记载的事项有错误，不动产登记机构应书面通知当事人在30个工作日内申请办理更正登记，当事人逾期不办理的，不动产登记机构应在其门户网站或者不动产所在地等指定场所公告15个工作日后，依法办理更正登记；但在错误登记之后已经办理了涉及不动权利处分的登记、预告登记或者查封登记的除外。

不动产登记机构依职权更正登记应具备下列材料：

（1）证实不动产登记簿记载事项错误的材料；

（2）通知权利人在规定期限内办理更正登记的材料和送达凭证；

（3）门户网站或者不动产所在地等指定场所公告 15 个工作日的材料。

13. 依职权更正登记的审查要点有哪些？

不动产登记机构启动更正登记程序后，还应该按照以下要点进行审核：

（1）不动产登记机构是否已书面通知相关权利人在规定期限内申请办理更正登记，而当事人逾期不申请办理；

（2）查阅不动产登记资料，审查登记材料或者有效的法律文件是否能证实不动产登记簿记载错误；

（3）在错误登记之后是否已经办理了涉及不动产权利处分的登记、预告登记和查封登记；

（4）书面通知的送达对象、期限及时间是否符合规定；

（5）是否已按《不动产登记规程》5.4.7 的规定进行公告；

（6）《不动产登记规程》5.4 要求的其他审查事项。

符合登记条件的，将更正事项记载于不动产登记簿，涉及不动产权证书或者不动产登记证明记载内容的，向权利人换发不动产权证书或者不动产登记证明。

14. 申请人在申请不动产更正登记时仅提交权属证书作为证明登记确有错误的材料，登记机构在受理时经核查原登记资料未发现登记错误，要求申请人举证其他证明登记确有错误的材料，申请人未能提供的，登记机构能否作出不予受理的决定？

按照《民法典》第 217 条及《不动产登记暂行条例实施细则》第 79 条的规定，申请人在申请不动产更正登记时，仅提交权属证书作为证明登记确有错误的材料，登记机构在受理环节经核查原登记资料未发现登记错误，要求申请人举证其他证明登记确有错误的材料，申请人未能提供的，登记机构可以作出不予受理的决定。

15. 哪些情形下当事人可申请注销预告登记？

（1）不动产物权的相关协议被认定无效、被撤销、被解除等导致债权消灭的；

（2）预告登记的权利人放弃预告登记的；

（3）法律、行政法规规定的其他情形。

16. 不动产登记的一般程序有哪些?

（1）依申请登记程序

依申请的不动产登记一般按下列程序进行：申请；受理；审核；登簿。

不动产登记完成后，不动产登记机构应根据不动产登记薄填写并核发不动产权证书或者不动产登记证明。

（2）依嘱托登记程序

依据人民法院、人民检察院、国家安全机关、监察机关、公安机关、税务机关等国家有权机关出具的相关嘱托文件，以及人民政府依法征收、收回不动产作出的嘱托文件办理不动产登记的，按下列程序进行：嘱托；受理；审核；登簿。

不动产登记机构接收嘱托文件后，应审查嘱托机关送达人的工作证件，嘱托文件是否齐全，嘱托事项是否清晰、准确。

不动产登记机构不对嘱托机关送达的嘱托文件进行实体审查。不动产登记机构对嘱托事项存在异议的，应向嘱托机关提出审查建议，并按相关规定继续、中止或者暂缓办理登记。

人民法院等国家有权机关嘱托不动产登记机构协助办理不动产转移登记的，宜纳入登记、税务"一窗办事"，不动产登记机构应查验相关完税结果材料是否齐全；未提供完税结果材料，但纳入税务机关追缴范围或者经不动产登记机构书面告知嘱托机关后仍被要求继续协助的，不动产登记机构不停止办理登记。

（3）依职权登记程序

不动产登记机构依职权办理不动产登记事项的，按下列程序进行：启动；审核；登簿。

17. 登记原因文件无效或者登记被撤销，如何申请更正登记?

人民法院、仲裁机构的生效法律文书撤销登记原因文件或者认定登记原因文件无效的，不动产权利人和利害关系人可凭生效法律文书申请更正登记，除已办理涉及不动产权利处分的登记、预告登记、查封登记外，不动产登记机构予以更正。

行政复议或者行政诉讼中撤销不动产登记行为的，除已办理涉及不动产权利处分的登记、预告登记、查封登记外，不动产登记机构直接予以更正登记。

配 套

《民法典》第 232 条；《不动产登记暂行条例实施细则》第 14—16 条；《不动产登记规程》

第十五条　【登记申请和登记申请撤回】当事人或者其代理人应当向不动产登记机构申请不动产登记。

不动产登记机构将申请登记事项记载于不动产登记簿前，申请人可以撤回登记申请。

注 解

申请人应当采用书面形式撤回申请，撤回申请的书面材料中需要明确表示撤回申请的意思，但无需陈述撤回申请的理由。在共同申请的情形下，应当由申请登记的当事人双方共同向登记机构出具撤回申请请求书；在代理申请的情形下，应当由代理人向登记机构出具申请人撤回申请的授权文书。如果撤回申请的表示不符合上述形式要求，登记机构仍然可以按照法定程序完成登记。

应 用

18. 如何撤回申请?

申请登记事项在记载于不动产登记簿之前，全体登记申请人可共同申请撤回登记申请；部分登记申请人申请撤回登记申请的，不动产登记机构不予受理。

申请人申请撤回登记申请，应向不动产登记机构提交下列材料：

（1）不动产登记撤回申请书；

（2）申请人身份证明。

不动产登记机构应在收到撤回申请时查阅不动产登记簿，当事人申请撤回的登记事项已经在不动产登记簿记载的，不予撤回；未在不动产登记簿上记载的，应准予撤回。

配套

《不动产登记暂行条例实施细则》第 13 条

第十六条 **【申请材料】**申请人应当提交下列材料，并对申请材料的真实性负责：

（一）登记申请书；

（二）申请人、代理人身份证明材料、授权委托书；

（三）相关的不动产权属来源证明材料、登记原因证明文件、不动产权属证书；

（四）不动产界址、空间界限、面积等材料；

（五）与他人利害关系的说明材料；

（六）法律、行政法规以及本条例实施细则规定的其他材料。

不动产登记机构应当在办公场所和门户网站公开申请登记所需材料目录和示范文本等信息。

注解

本条明确了我国不动产登记在登记材料的提交上实行自我举证制度，是汇集原《物权法》等对申请材料虚假责任的规定作出的，是对《条例》颁布前的做法的沿袭，有利于保持登记工作的延续性。

申请人申请不动产登记，应如实、准确填写不动产登记机构制定的不动产登记申请书。申请书可采用电子介质。申请人为自然人的，申请人应在不动产登记申请书上签名或者按指印；申请人为法人、非法人组织的，申请人应在不动产登记申请书上盖章。委托他人申请不动产登记的，代理人应在不动产登记申请书上签名，委托人无需再签名或者盖章。

共有的不动产，申请人应在不动产登记申请书中注明共有性质。按份共有不动产的，应明确相应具体份额，共有份额宜采取分数或者百分数表示。

申请不动产登记的，申请人或者其代理人应向不动产登记机构提供有效的联系方式。登记办理过程中，申请人或者其代理人的联系方式发生变动的，应书面告知不动产登记机构。

通过互联网在线申请不动产登记的，应当通过符合国家规定的身份认证系统进行实名认证。申请人提交电子材料的，不再提交纸质材料。

应用

19. 申请登记提交材料要求中提到的"其他材料"是否需要公示？

其他必要材料主要包括两类：一类是其他有关的法律法规规定，例如房屋转移登记，根据《契税法》要求应当先税后证，当事人须先提交契税完税凭证才能办理登记。另一类是地方针对本地实际提出的明确的材料要求。不同地方由于具体情况不同，需交的其他必要材料也不相同。正是各登记机构结合本地实际情况规定需要提交的材料不同，使当事人申请登记时提交的材料没有统一的标准，在一定程度上造成了登记申请人的不便，因此对这部分材料的目录和示范文本更应当进行公示，否则就会使公示的便民性名存实亡。因此，"其他材料"也应当纳入登记申请人应提交的材料在材料目录和示范文本中一并公示。

20. 纸质申请材料应符合什么格式？

申请人提交的纸质申请材料应是原件。因特殊情况不能提供原件的，可提交该材料的出具机构、原件存档机构或者职权继受机构确认与原件一致的复印件。

不动产登记机构留存复印件的，应经不动产登记机构工作人员比对后，由不动产登记机构工作人员签名并加盖原件相符章。

申请材料应符合下列规定：

（1）纸质申请材料采用韧性大、耐久性强、可长期保存的纸质介质；

（2）幅面尺寸为国际标准297mm×210mm（A4纸），图件除外。

填写申请材料应使用黑色、蓝黑钢笔或者签字笔，不应使用圆珠笔、铅笔。因申请人填写错误确需涂改的，需由申请人在涂改处签名、盖章或者按指印确认。

申请材料所使用文字应符合下列规定：

（1）申请材料应使用汉字文本。少数民族自治区域内，可选用本民族或者本自治区域内通用文字；

（2）少数民族文字文本的申请材料在非少数民族聚居或者多民族共同居住地区使用，应同时附汉字文本；

（3）外文文本的申请材料应翻译成汉字译本，当事人应签名确认，并对汉字译本的真实性负责。

申请材料中的申请人（代理人）姓名或者名称应符合下列规定：

（1）申请人（代理人）应使用身份证明材料上的汉字姓名或者名称；

（2）申请人的姓名或者名称为外文的，应使用汉字译名，可在申请书备注栏记载其身份证明材料中的姓名或者名称。

申请材料中涉及数量、日期、编号的，宜使用阿拉伯数字。涉及数量有计量单位的，应填写与计量单位口径一致的数值。

21. 电子申请材料应符合什么格式？

电子申请材料应符合下列规定：

（1）不动产登记机构能够获取符合要求的电子申请材料的，不再收取相应纸质材料。

（2）电子申请材料格式参照《不动产登记规程》4.7.2 的规定。电子证照等电子申请材料以及涉及的电子签名、电子印章等应符合《电子签名法》《国务院关于在线政务服务的若干规定》等规定。

（3）电子数据应完整保存，并且具有唯一、确定的纸质转化形式。

22. 代理人代为申请不动产登记有什么要求？

申请人委托代理人申请不动产登记的，代理人应向不动产登记机构提交申请人身份证明、授权委托书及代理人的身份证明。授权委托书中应载明代理人的姓名、代理事项、权限和期间，并由委托人及代理人签名、盖章或者按指印。

（1）自然人处分不动产的，可提交经公证的授权委托书；授权委托书未经公证的，应由不动产登记机构工作人员现场或者线上见证，但自然人委托代理人处分土地承包经营权和土地经营权的，提交的授权委托书可不进行公证或者见证。

（2）境外申请人处分不动产的，其授权委托书应经公证或者认证。属于《取消外国公文书认证要求的公约》成员的，可提交附加证明书，中国声明不适用《取消外国公文书认证要求的公约》的除外。

（3）代理人为两人或者两人以上，代为处分不动产的，全部代理人应共同代为申请，但是当事人另有约定的除外。

23. 监护人代为申请不动产登记有什么要求？

无民事行为能力人、限制民事行为能力人申请不动产登记的，应由其监护人代为申请。监护人应向不动产登记机构提交申请人身份证明、证实监护关系的材料及监护人的身份证明，以及被监护人为无民事行为能力人、限制民事行为能力人的证实材料。处分被监护人不动产申请登记的，应由全部监护人共同申请，还应出具监护人为被监护人利益而处分不动产的书面保证。

监护关系材料包括户口簿、监护关系公证书、结婚证、出生医学证明、收养关系材料，或者被监护人住所地的居民委员会、村民委员会或者民政部门、人民法院指定监护人的材料，或者遗嘱指定监护、协议确定监护、意定监护的材料。被监护人民事行为能力的有关证实文件应是未成年人的身份证明或者人民法院确认民事行为能力的生效法律文书。

配套

《民法典》第 211 条、第 222 条；《水域滩涂养殖发证登记办法》第 5 条；《土地增值税暂行条例》第 12 条；《契税法》第 11 条

第十七条 **【受理】** 不动产登记机构收到不动产登记申请材料，应当分别按照下列情况办理：

（一）属于登记职责范围，申请材料齐全、符合法定形式，或者申请人按照要求提交全部补正申请材料的，应当受理并书面告知申请人；

（二）申请材料存在可以当场更正的错误的，应当告知申请人当场更正，申请人当场更正后，应当受理并书面告知申请人；

（三）申请材料不齐全或者不符合法定形式的，应当当场书面告知申请人不予受理并一次性告知需要补正的全部内容；

（四）申请登记的不动产不属于本机构登记范围的，应当当场书面告知申请人不予受理并告知申请人向有登记权的机构申请。

不动产登记机构未当场书面告知申请人不予受理的，视为受理。

注解

受理是指不动产登记机构依法查验申请主体、申请材料，询问登记事项、录入相关信息、出具受理结果等工作的过程。

登记申请人提交申请材料后，不动产登记机构需对登记申请进行审查，确定是否受理申请人提出的不动产登记申请。在这一环节中，登记人员需要对申请材料进行形式上的审查，包括申请登记事项是否属于本登记机构职责范围、材料是否齐全、是否符合法定形式，对明显不符合登记条件的申请，要么不予受理，要么作出补正要求。通过这一程序，登记机构可以提前将那些明显不合法的登记申请排除，大大减少其后的审查环节的工作量。

应 用

24. 不动产登记机构受理登记申请的条件有哪些？

经查验及询问，符合下列条件的，不动产登记机构应予以受理：

（1）申请登记事项在本不动产登记机构的登记职责范围内；

（2）申请材料齐全、符合法定形式；

（3）申请人与依法应提交的申请材料记载的主体一致；

（4）申请登记的不动产权利与登记原因材料记载的不动产权利一致；

（5）申请内容与询问记录不冲突；

（6）法律、行政法规规定的其他条件。

不动产登记机构予以受理的，应即时出具受理凭证。受理凭证上记载的日期为登记申请受理日。

不符合受理条件的，不动产登记机构应当场向申请人出具不予受理告知书，将申请材料复印留存后退回申请人。告知书一式二份，经申请人签名确认后，一份交申请人，一份由不动产登记机构留存。申请人拒不签名确认的，由两名以上不动产登记机构工作人员备注签名。

配 套

《不动产登记规程》5.3

第十八条　【查验】不动产登记机构受理不动产登记申请的，应当按照下列要求进行查验：

（一）不动产界址、空间界限、面积等材料与申请登记的不动产状况是否一致；

（二）有关证明材料、文件与申请登记的内容是否一致；

（三）登记申请是否违反法律、行政法规规定。

不动产登记机构受理不动产登记申请应当查验的内容包括以下三项：

一是不动产界址、空间界限、面积等材料与申请登记的不动产状况是否一致。判断不动产界址、空间界限、面积等材料与申请登记的不动产状况是否一致，通常可以通过审查测绘报告来进行。在不能单凭测绘报告等书面文件判断的情况下，登记机构工作人员认为有必要时可以实地查看，如房屋所有权首次登记的情况等，《条例》第19条有所规定。

二是权属来源证明材料和有关证明文件与申请登记的内容是否一致。权属来源证明材料包括不动产权属证书和登记证明等能够证明申请人不动产物权来源的证明材料。首先，登记机构要审查属于权属来源证明材料的不动产权属证书和登记证明的真实性。权属证书和登记证明是由登记机构发放的，且具有一定的防伪功能，登记机构有能力也应当识别权属证书和登记证明是否真实。其次，登记机构工作人员要就权属来源证明材料和有关证明文件与申请登记的内容的一致性进行检验，通过与登记申请书等材料的比对，至少保证这些材料在表面上内容是一致的。

三是登记申请是否违反法律、行政法规规定。如果申请登记事项违反的是地方性法规和部门规章或者有关文件的规定，则不一定不予登记，而需要进行进一步的审查才能判断。这一审查要求对登记机构工作人员的业务水平提出了较高要求，需要登记机构工作人员熟知相关的法律法规才能完成。

应 用

25. 如何查验身份证明？

不动产登记机构应查验申请人的身份证明材料规格是否符合《不动产登记规程》4.7的要求。申请人与其提交的身份证明指向的主体是否一致。

（1）可通过部门共享信息、身份证识别器、人脸识别等方式查验身份信息是否真实。

（2）护照、港澳居民居住证或者来往内地通行证、台湾居民来往大陆通行证等其他身份证明类型是否符合要求。

26. 查验申请材料形式应注意什么？

不动产登记机构应查验申请人的申请材料规格是否符合《不动产登记规程》4.7的要求；有关材料是否由有权部门出具，是否在有效期限内，签字和盖章是否规范。

不动产登记机构应查验不动产权证书或者不动产登记证明是否真实、有效。对提交伪造、变造、无效的不动产权证书或者不动产登记证明的，不动产登记机构应依法予以收缴、收回。属于伪造、变造的，不动产登记机构还应及时通知公安机关。

配套

《不动产登记暂行条例实施细则》第15条；《不动产登记规程》5.3

第十九条 【实地查看和调查】 属于下列情形之一的，不动产登记机构可以对申请登记的不动产进行实地查看：

（一）房屋等建筑物、构筑物所有权首次登记；

（二）在建建筑物抵押权登记；

（三）因不动产灭失导致的注销登记；

（四）不动产登记机构认为需要实地查看的其他情形。

对可能存在权属争议，或者可能涉及他人利害关系的登记申请，不动产登记机构可以向申请人、利害关系人或者有关单位进行调查。

不动产登记机构进行实地查看或者调查时，申请人、被调查人应当予以配合。

注解

本条第1款明确规定了不动产登记机构可以对申请登记的不动产进行实地查看的具体情形。

一是房屋等建筑物、构筑物所有权首次登记。办理房屋初始登记时，登记机构可以到实地查看，范围包括：房屋坐落、占地范围与土地使用权证明上所记载的房屋用地情况是否一致；房屋与申请人提交的建设工程符合规划的证明材料记载的房屋是否一致；房屋与已竣工的证明材料记载的情况是否一致。

二是在建建筑物抵押权登记。在建建筑物抵押权登记的实地查看主要包括两方面内容：其一是对已建成的部分是否真实存在进行查看；其二是对项目的名称、坐落等进行核实。若有必要，房屋登记机构应当对已进行实地查看的情况通过文字或拍照的方式予以记录保存。

三是因不动产灭失导致的注销登记。不动产实际上已经不存在，但权利人并未主动申请注销登记，此时登记簿上记载的信息与不动产的真实状况是不相符的。若原权利人在利益驱动下利用此漏洞将登记簿上记载的实际上已不存在的不动产进行转移、抵押等处分，就极易产生扰乱不动产交易市场秩序，侵犯第三人合法权益的后果。为了更好地保护相对人既有的所有权和共有权，在办理因不动产灭失导致的注销登记申请时，房屋登记机构可以进行实地查看。

四是不动产登记机构认为需要实地查看的其他情形。

应用

27. 实地查看的适用情形和查看内容是什么？

属于下列情形之一的，不动产登记机构可以对申请登记的不动产进行实地查看：

（1）房屋等建筑物、构筑物所有权首次登记，查看房屋坐落及其建造完成等情况；

（2）在建建筑物抵押权登记，查看抵押的在建建筑物坐落及其建造等情况；

（3）因不动产灭失申请的注销登记，查看不动产灭失等情况；

（4）不动产登记机构认为需要实地查看的其他情形。

实地查看应由至少两名工作人员参加，查看人员应对查看对象拍照，填写实地查看记录。现场照片及查看记录应归档。

对可能存在权属争议，或者可能涉及他人利害关系的登记申请，不动产登记机构可以向申请人、利害关系人或者有关单位进行调查。不动产登记机构进行调查时，申请人、被调查人应当予以配合。

配套

《不动产登记暂行条例实施细则》第16条；《不动产登记规程》5.4

第二十条　【登记期限】不动产登记机构应当自受理登记申请之日起30个工作日内办结不动产登记手续，法律另有规定的除外。

32

需要注意的是，本条所规定的审查时限并不包括公告的时间。公告并非不动产登记的必经程序。如果登记机构在进行审查时需要公告，或者法律法规有明确的规定需要公告的，公告的时间应当另行计算。实践中，公告的时间也没有计算到登记时限内。

第二十一条　【登簿和发证】登记事项自记载于不动产登记簿时完成登记。

不动产登记机构完成登记，应当依法向申请人核发不动产权属证书或者登记证明。

记载于不动产登记簿的时点应按下列方式确定：使用电子不动产登记簿的，以登簿人员将登记事项在不动产登记簿上记载完成之时为准；使用纸质不动产登记簿的，应以登簿人员将登记事项在不动产登记簿上记载完毕并签名（章）之时为准。

不动产权证书和不动产登记证明由国务院自然资源主管部门统一制定样式、统一监制、统一编号规则。不动产权证书不动产登记证明的印制、发行、管理和质量监督工作由省级自然资源主管部门负责。

不动产权证书不动产登记证明应一证一号，更换证书和证明应更换号码。电子证书证明与纸质证书证明具有同等法律效力。

本条第2款是关于颁证的规定，明确了登记完成后不动产登记机构应当依法向申请人核发统一的不动产权属证书或者登记证明。实行统一登记后，由不动产登记机构依法向申请人核发统一的不动产权属证书或登记证明，改变了多部门管理的乱象，便利了不动产交易，是便民原则的重要体现。

28. 为何需要向登记申请人发放相应的不动产权属证书或者登记证明呢?

一是可以证明不动产登记机构完成了登记行为，是登记程序终结的标志。二是可以最直接证明权利人对相应不动产享有的权利。不动产登记机构向登记申请人发放的相应不动产权属证书或者登记证明由登记申请人保管，

33

在需要证明不动产权利状况时可以直接出示，便利了不动产交易。三是可以起到保障登记活动安全的作用。向登记申请人发放相应的不动产权属证书或者登记证明可以防止登记机构及其工作人员擅自对登记簿的内容进行篡改。因此，我国实行的是不动产登记发证制度，不动产登记机构除在登记簿上对登记事项进行记载外，还需向不动产权利人颁发由国家统一印制的不动产权属证书或者发给登记证明。

29. 不动产权证书和不动产登记证明如何换发、补发、作废？

不动产权证书和不动产登记证明换发、补发、作废的，原证号废止。换发、补发的新不动产权证书或者不动产登记证明应更换号码，并在不动产权证书或者不动产登记证明上注明"换发""补发"字样。

不动产权证书或者不动产登记证明破损、污损、填制错误的，当事人可向不动产登记机构申请换发。符合换发条件的，不动产登记机构应收回原不动产权证书或者不动产登记证明，并将有关事项记载于不动产登记簿后，向申请人换发新的不动产权证书或者不动产登记证明。

因不动产权证书或者不动产登记证明遗失、灭失等原因，不动产权利人申请补发的，不动产登记机构在其门户网站上刊发不动产权利人的遗失、灭失声明直接作废原不动产权证书或者不动产登记证明，将有关事项记载于不动产登记簿，向申请人补发新的不动产权证书或者不动产登记证明，遗失、灭失声明页面存档。

不动产存在查封登记、抵押登记、异议登记、预告登记、地役权登记、土地经营权登记、居住权登记等情形的，不影响不动产权证书和不动产登记证明的换发或者补发。

30. 哪些情形下，登记事项只记载于不动产登记簿，不核发不动产权证书或者不动产登记证明？

（1）建筑区划内依法属于业主共有的道路、绿地、其他公共场所、公用设施和物业服务用房等及其占用范围内的建设用地使用权；

（2）查封登记、预查封登记、注销登记。

配套

《不动产登记暂行条例实施细则》第22条；《不动产登记规程》4.6.2、5.6

34

第二十二条　【不予登记】登记申请有下列情形之一的，不动产登记机构应当不予登记，并书面告知申请人：

（一）违反法律、行政法规规定的；

（二）存在尚未解决的权属争议的；

（三）申请登记的不动产权利超过规定期限的；

（四）法律、行政法规规定不予登记的其他情形。

注解

本条明确规定了登记机构在何种情形下应当作出不予登记的决定。凡符合本条规定的几种情形的，表明登记申请事项存在根本性的缺陷或者在登记申请时不存在补救的可能，不动产登记机构应当不予登记。

抵押权的期限一般与主债权的期限相同。抵押权期限超过主债权期限的应当不予登记。

应用

31. 哪些情形下，不动产登记机构不予登记并书面通知申请人？

（1）申请人未按照不动产登记机构要求进一步补充材料的；

（2）申请人、委托代理人身份证明材料以及授权委托书与申请主体不一致的；

（3）申请登记的不动产不符合不动产单元设定条件的；

（4）申请登记的事项与权属来源等登记原因材料不一致的；

（5）申请登记的事项与不动产登记簿的记载相冲突的；

（6）不动产首次登记前存在尚未解决的权属争议的；

（7）申请登记的不动产权利超过规定期限的；

（8）不动产被依法查封期间，权利人处分该不动产申请登记的；

（9）未经预告登记权利人书面同意，当事人处分该不动产申请登记的；

（10）法律、行政法规规定不予登记的其他情形。

配套

《不动产登记规程》5.4.8

第四章 登记信息共享与保护

第二十三条　【不动产登记信息管理基础平台】国务院自然资源主管部门应当会同有关部门建立统一的不动产登记信息管理基础平台。

各级不动产登记机构登记的信息应当纳入统一的不动产登记信息管理基础平台，确保国家、省、市、县四级登记信息的实时共享。

注解

本条第 1 款规定了国务院自然资源主管部门牵头建立统一的不动产登记信息管理基础平台的职责，这一规定是结合不动产统一登记的现实需要所作出的，符合统一登记信息化的趋势。由原先分散登记转变为统一登记，需要对庞杂的登记信息进行整合，为统一登记和公开查询做好充分的准备。在目前登记人员较为短缺的状况下，可能会减缓登记速度，但从长远来看，不动产登记信息管理基础平台的建立可以提高登记机构的工作效率，减少登记信息错误，能够提高登记的规范化和标准化程度，为各级、各地区登记机构信息的互联互通和登记信息共享创造技术条件。

本条第 2 款规定了各级不动产登记机构有将其登记的信息纳入统一的不动产登记信息管理基础平台的义务。我国不动产登记机构分为四级，分别是国家、省、市、县四级。这四级登记机构在办理登记过程中形成的登记信息共同构成了统一的不动产登记信息管理基础平台的基本数据，是不动产登记信息管理基础平台的基本组成。登记机构工作人员应当严格按照登记程序审查登记事项，及时录入登记信息，确保各级登记信息实时共享。另外，各级不动产登记机构都要接受国务院自然资源主管部门的指导和监督，通过统一的不动产登记信息管理基础平台，自然资源主管部门可以更清晰、快捷地实现监管职能。

配套

《不动产登记暂行条例实施细则》第 95 条

第二十四条 【登记信息实时互通共享】不动产登记有关信息与住房城乡建设、农业农村、林业草原等部门审批信息、交易信息等应当实时互通共享。

不动产登记机构能够通过实时互通共享取得的信息，不得要求不动产登记申请人重复提交。

注解

本条是关于相关部门信息互通共享的规定。建立各部门不动产登记信息的实时互通共享机制，对于不动产登记机构来说，可以大大提高管理工作效率，减少错误登记的可能；对于其他部门来说，可以提供有效、便捷的服务，是一项共赢的制度。

配套

《不动产登记暂行条例实施细则》第96条

第二十五条 【登记信息互通共享】自然资源、公安、民政、财政、税务、市场监管、金融、审计、统计等部门应当加强不动产登记有关信息互通共享。

注解

本条所列举部门不负责不动产登记工作，但这些部门开展相关工作需要以不动产登记信息作为基础资料，可以在信息平台中给上述部门留有接口，以方便职能部门查询所需的不动产登记信息，提高行政效率。因此本条对这些部门有关不动产登记信息的互通共享进行了专门规定。

第二十六条 【保密义务】不动产登记机构、不动产登记信息共享单位及其工作人员应当对不动产登记信息保密；涉及国家秘密的不动产登记信息，应当依法采取必要的安全保密措施。

注解

本条明确要求涉及国家秘密的不动产登记信息，应当进行必要的安全技术处理。根据《保守国家秘密法》的有关规定，对属于国家秘密的信息应当采取必要的安全防护措施。本条对涉及国家秘密的不动产登记信息进行安全技术处理仅仅作出了原则性的规定，具体操作上应当依照《保守国家秘密法》的相关规定，以及出台相应的具体办法予以执行。

配套

《保守国家秘密法》；《不动产登记暂行条例实施细则》第94条

第二十七条 **【登记资料查询、复制】**权利人、利害关系人可以依法查询、复制不动产登记资料，不动产登记机构应当提供。

有关国家机关可以依照法律、行政法规的规定查询、复制与调查处理事项有关的不动产登记资料。

注解

本条分为两个层面的内容，一是权利人、利害关系人的查询，二是公务查询。

这里的"权利人"是指在不动产登记簿上记载的不动产物权人，而不包括债权人，如房屋的租赁权人就不属于这里的权利人的范畴。对"利害关系人"实质内容的界定不属于登记机构的职责范围，申请人只要能够提供与不动产登记事项有利害关系的说明材料，登记机构就可以认为申请人属于利害关系人。如房屋继承人、受赠人和受遗赠人，仲裁事项、诉讼案件的当事人都可以对登记资料进行查询、复制。

公务查询的主体包括国家安全机关、公安机关、检察机关、审判机关等机关。公务查询不同于普通公众或者利害关系人的查询，此类查询通常是由权利人牵涉某些国家机关需要调查处理的事项引起的，由有关国家机关在执行公务时所进行的查询，不动产登记机构有协助提供相应的不动产登记资料以供查询和复制的义务。

应用

32. 哪些情形下可以依法查询不动产登记资料？

（1）权利人可以查询、复制其全部的不动产登记资料；

（2）因不动产交易、继承、诉讼等涉及的利害关系人可以查询、复制不动产自然状况、权利人及其不动产查封、抵押、预告登记、异议登记等状况；

（3）人民法院、人民检察院、国家安全机关、监察机关以及其他因执行公务需要的国家机关可以依法查询、复制与调查和处理事项有关的不动产登记资料；

（4）法律、行政法规规定的其他情形。

查询不动产登记资料的单位和个人应当向不动产登记机构说明查询目的，不得将查询获得的不动产登记资料用于其他目的；未经权利人同意，不得泄露查询获得的不动产登记信息。

33. 因买卖取得房屋所有权的权利人，能否查阅不动产首次登记及至本次转移登记之前的历史登记资料？

根据《不动产登记资料查询暂行办法》第14条规定，不动产登记簿上记载的权利人可以查询本不动产登记结果和本不动产登记原始资料，其中的"本不动产登记"宜限缩理解为"本（次）不动产登记"，而非"本不动产（之）登记"。因此，作为因买卖取得房屋所有权的权利人，其查阅申请范围不应优于前手，不包括不动产首次登记及至本次转移登记之前的历史登记资料。

配套

《不动产登记资料查询暂行办法》第4条、第7条、第8条、第11条

第二十八条　【不得滥用登记资料】查询不动产登记资料的单位、个人应当向不动产登记机构说明查询目的，不得将查询获得的不动产登记资料用于其他目的；未经权利人同意，不得泄露查询获得的不动产登记资料。

注解

在申请查询不动产登记资料时，查询人应当填写登记信息查询申请表，表格中应当有要求申请人填写对登记资料的利用用途的栏目。具体的利用用途包括遗失补证、诉讼取证、公证仲裁、房产调查等。申请人应当按照填写的利用用途对所获得的登记资料进行利用，不得将这些资料用于其他目的。在登记机构进行审查时，只需审查申请人填写的利用用途是否合法即可。

不动产登记资料可能涉及个人隐私、商业秘密甚至国家秘密，必须对

未经权利人同意向社会或者他人泄露查询获得的不动产登记资料的行为明令禁止。

配套

《保守国家秘密法》第57条、第58条；《刑法》第111条、第219条、第398条

第五章　法　律　责　任

第二十九条　【登记错误赔偿责任】 不动产登记机构登记错误给他人造成损害，或者当事人提供虚假材料申请登记给他人造成损害的，依照《中华人民共和国民法典》的规定承担赔偿责任。

注解

首先，不动产登记机构的赔偿责任属于无过错责任，无论是否存在过错，都需先承担赔偿责任。登记错误的受害人处于相对弱势的地位，这样规定，是为了对受害人提供更加充分的保护。登记机构赔偿后，可以向造成登记错误的人追偿，包括提供虚假材料的登记申请人、存在故意或重大过失的登记机构的工作人员等。其次，登记机构的赔偿属于国家赔偿。根据《国家赔偿法》第2条的规定，不动产登记机构作为国家机关，在行使登记职权过程中，给公民、法人的合法权益造成损害的，应当承担国家赔偿责任。

配套

《民法典》第222条；《国家赔偿法》第2条

第三十条　【渎职行为法律责任】 不动产登记机构工作人员进行虚假登记，损毁、伪造不动产登记簿，擅自修改登记事项，或者有其他滥用职权、玩忽职守行为的，依法给予处分；给他人造成损害的，依法承担赔偿责任；构成犯罪的，依法追究刑事责任。

注解

不动产登记簿记载了不动产的权利现状和其他事项，是不动产物权的归

属和内容的根据。不动产登记机构工作人员的渎职行为会造成登记簿记载与实际情况不符，权利人难以据此主张权利，其利益会受到严重威胁或损害，同时影响不动产交易活动的安全性，给相关利害关系人带来损失，也损害了不动产登记簿的可信赖性和权威性。

本条规定了四类渎职行为应当承担的民事责任、行政责任和刑事责任。由于渎职行为给他人造成损害的，依法承担民事赔偿责任；不动产登记机构工作人员有本条规定的渎职行为的，依法给予行政处分；登记机构工作人员的渎职行为对相应社会关系造成严重侵害后果的，应当依法追究其刑事责任。

配套

《公务员法》第61条；《违反土地管理规定行为处分办法》第7条第1项；《刑法》第397条

第三十一条　【伪造、变造证书、证明法律责任】 伪造、变造不动产权属证书、不动产登记证明，或者买卖、使用伪造、变造的不动产权属证书、不动产登记证明的，由不动产登记机构或者公安机关依法予以收缴；有违法所得的，没收违法所得；给他人造成损害的，依法承担赔偿责任；构成违反治安管理行为的，依法给予治安管理处罚；构成犯罪的，依法追究刑事责任。

注解

不动产权属证书和不动产登记证明是不动产登记簿所记载内容的外在表现形式。在社会生活和交易过程中，不动产权利人为了证明自己的权利状况，可以出示权属证书。任何单位和个人不能伪造、变造不动产权属证书、不动产登记证明，也不能出租、出借、买卖、使用伪造、变造的不动产权属证书、不动产登记证明，否则会造成不动产权利归属与实际情况不符，严重扰乱不动产交易秩序，会给相关利害关系人带来重大损失。

配套

《治安管理处罚法》第63条；《刑法》第280条

第三十二条 【泄露登记信息法律责任】不动产登记机构、不动产登记信息共享单位及其工作人员，查询不动产登记资料的单位或者个人违反国家规定，泄露不动产登记资料、登记信息，或者利用不动产登记资料、登记信息进行不正当活动，给他人造成损害的，依法承担赔偿责任；对有关责任人员依法给予处分；有关责任人员构成犯罪的，依法追究刑事责任。

注 解

《条例》第26条明确规定了不动产登记机构、不动产登记信息共享单位及其工作人员对不动产登记信息的保密义务。泄露不动产登记资料或者登记信息，不仅可能侵犯不动产权利人的个人隐私，还可能侵犯商业秘密，甚至泄露国家秘密，会给权利人及相关人员造成损害。本条是对违反《条例》第26条规定的对应罚则。

配 套

《保守国家秘密法》第57条；《公务员法》第61条；《刑法》第219条、第398条

第六章 附 则

第三十三条 【过渡期】本条例施行前依法颁发的各类不动产权属证书和制作的不动产登记簿继续有效。

不动产统一登记过渡期内，农村土地承包经营权的登记按照国家有关规定执行。

第三十四条 【制定实施细则】本条例实施细则由国务院自然资源主管部门会同有关部门制定。

第三十五条 【施行日期】本条例自 2015 年 3 月 1 日起施行。本条例施行前公布的行政法规有关不动产登记的规定与本条例规定不一致的，以本条例规定为准。

配 套 法 规

中华人民共和国民法典（节录）

（2020 年 5 月 28 日第十三届全国人民代表大会第三次
会议通过　2020 年 5 月 28 日中华人民共和国主席令第 45
号公布　自 2021 年 1 月 1 日起施行）

……

第二百零九条　不动产物权的设立、变更、转让和消灭，经依
法登记，发生效力；未经登记，不发生效力，但是法律另有规定的
除外。

依法属于国家所有的自然资源，所有权可以不登记。

第二百一十条　不动产登记，由不动产所在地的登记机构办理。

国家对不动产实行统一登记制度。统一登记的范围、登记机构
和登记办法，由法律、行政法规规定。

第二百一十一条　当事人申请登记，应当根据不同登记事项提
供权属证明和不动产界址、面积等必要材料。

……

第二百一十四条　不动产物权的设立、变更、转让和消灭，依
照法律规定应当登记的，自记载于不动产登记簿时发生效力。

……

第二百一十六条　不动产登记簿是物权归属和内容的根据。

不动产登记簿由登记机构管理。

……

第二百二十条　权利人、利害关系人认为不动产登记簿记载的

事项错误的，可以申请更正登记。不动产登记簿记载的权利人书面同意更正或者有证据证明登记确有错误的，登记机构应当予以更正。

不动产登记簿记载的权利人不同意更正的，利害关系人可以申请异议登记。登记机构予以异议登记，申请人自异议登记之日起十五日内不提起诉讼的，异议登记失效。异议登记不当，造成权利人损害的，权利人可以向申请人请求损害赔偿。

……

不动产登记暂行条例实施细则

（2016 年 1 月 1 日国土资源部令第 63 号公布　根据 2019 年 7 月 16 日《自然资源部关于第一批废止和修改的部门规章的决定》第一次修订　根据 2024 年 5 月 9 日《自然资源部关于第六批修改的部门规章的决定》第二次修订）

第一章　总　　则

第一条　为规范不动产登记行为，细化不动产统一登记制度，方便人民群众办理不动产登记，保护权利人合法权益，根据《不动产登记暂行条例》（以下简称《条例》），制定本实施细则。

第二条　不动产登记应当依照当事人的申请进行，但法律、行政法规以及本实施细则另有规定的除外。

房屋等建筑物、构筑物和森林、林木等定着物应当与其所依附的土地、海域一并登记，保持权利主体一致。

第三条　不动产登记机构依照《条例》第七条第二款的规定，协商办理或者接受指定办理跨县级行政区域不动产登记的，应当在登记完毕后将不动产登记簿记载的不动产权利人以及不动产坐落、界址、面积、用途、权利类型等登记结果告知不动产所跨区域的其他不动产登记机构。

第四条 国务院确定的重点国有林区的森林、林木和林地，由自然资源部受理并会同有关部门办理，依法向权利人核发不动产权属证书。

国务院批准的项目用海、用岛的登记，由自然资源部受理，依法向权利人核发不动产权属证书。

第二章 不动产登记簿

第五条 《条例》第八条规定的不动产单元，是指权属界线封闭且具有独立使用价值的空间。

没有房屋等建筑物、构筑物以及森林、林木定着物的，以土地、海域权属界线封闭的空间为不动产单元。

有房屋等建筑物、构筑物以及森林、林木定着物的，以该房屋等建筑物、构筑物以及森林、林木定着物与土地、海域权属界线封闭的空间为不动产单元。

前款所称房屋，包括独立成幢、权属界线封闭的空间，以及区分套、层、间等可以独立使用、权属界线封闭的空间。

第六条 不动产登记簿以宗地或者宗海为单位编成，一宗地或者一宗海范围内的全部不动产单元编入一个不动产登记簿。

第七条 不动产登记机构应当配备专门的不动产登记电子存储设施，采取信息网络安全防护措施，保证电子数据安全。

任何单位和个人不得擅自复制或者篡改不动产登记簿信息。

第八条 承担不动产登记审核、登簿的不动产登记工作人员应当熟悉相关法律法规，具备与其岗位相适应的不动产登记等方面的专业知识。

自然资源部会同有关部门组织开展对承担不动产登记审核、登簿的不动产登记工作人员的考核培训。

第三章 登记程序

第九条 申请不动产登记的，申请人应当填写登记申请书，并提交身份证明以及相关申请材料。

申请材料应当提供原件。因特殊情况不能提供原件的，可以提供复印件，复印件应当与原件保持一致。

通过互联网在线申请不动产登记的，应当通过符合国家规定的身份认证系统进行实名认证。申请人提交电子材料的，不再提交纸质材料。

第十条 处分共有不动产申请登记的，应当经占份额三分之二以上的按份共有人或者全体共同共有人共同申请，但共有人另有约定的除外。

按份共有人转让其享有的不动产份额，应当与受让人共同申请转移登记。

建筑区划内依法属于全体业主共有的不动产申请登记，依照本实施细则第三十六条的规定办理。

第十一条 无民事行为能力人、限制民事行为能力人申请不动产登记的，应当由其监护人代为申请。

监护人代为申请登记的，应当提供监护人与被监护人的身份证或者户口簿、有关监护关系等材料；因处分不动产而申请登记的，还应当提供为被监护人利益的书面保证。

父母之外的监护人处分未成年人不动产的，有关监护关系材料可以是人民法院指定监护的法律文书、经过公证的对被监护人享有监护权的材料或者其他材料。

第十二条 当事人可以委托他人代为申请不动产登记。

代理申请不动产登记的，代理人应当向不动产登记机构提供被代理人签字或者盖章的授权委托书。

自然人处分不动产，委托代理人申请登记的，应当与代理人共同到不动产登记机构现场签订授权委托书，但授权委托书经公证的除外。

境外申请人委托他人办理处分不动产登记的，其授权委托书应当按照国家有关规定办理认证或者公证；我国缔结或者参加的国际条约有不同规定的，适用该国际条约的规定，但我国声明保留的条款除外。

第十三条 申请登记的事项记载于不动产登记簿前，全体申请人提出撤回登记申请的，登记机构应当将登记申请书以及相关材料退还申请人。

第十四条 因继承、受遗赠取得不动产，当事人申请登记的，应当提交死亡证明材料、遗嘱或者全部法定继承人关于不动产分配的协议以及与被继承人的亲属关系材料等，也可以提交经公证的材料或者生效的法律文书。

第十五条 不动产登记机构受理不动产登记申请后，还应当对下列内容进行查验：

（一）申请人、委托代理人身份证明材料以及授权委托书与申请主体是否一致；

（二）权属来源材料或者登记原因文件与申请登记的内容是否一致；

（三）不动产界址、空间界限、面积等权籍调查成果是否完备，权属是否清楚、界址是否清晰、面积是否准确；

（四）法律、行政法规规定的完税或者缴费凭证是否齐全。

第十六条 不动产登记机构进行实地查看，重点查看下列情况：

（一）房屋等建筑物、构筑物所有权首次登记，查看房屋坐落及其建造完成等情况；

（二）在建建筑物抵押权登记，查看抵押的在建建筑物坐落及其建造等情况；

（三）因不动产灭失导致的注销登记，查看不动产灭失等情况。

第十七条 有下列情形之一的，不动产登记机构应当在登记事项记载于登记簿前进行公告，但涉及国家秘密的除外：

（一）政府组织的集体土地所有权登记；

（二）宅基地使用权及房屋所有权，集体建设用地使用权及建筑物、构筑物所有权，土地承包经营权等不动产权利的首次登记；

（三）依职权更正登记；

（四）依职权注销登记；

（五）法律、行政法规规定的其他情形。

公告应当在不动产登记机构门户网站以及不动产所在地等指定场所进行，公告期不少于15个工作日。公告所需时间不计算在登记办理期限内。公告期满无异议或者异议不成立的，应当及时记载于不动产登记簿。

第十八条 不动产登记公告的主要内容包括：

（一）拟予登记的不动产权利人的姓名或者名称；

（二）拟予登记的不动产坐落、面积、用途、权利类型等；

（三）提出异议的期限、方式和受理机构；

（四）需要公告的其他事项。

第十九条 当事人可以持人民法院、仲裁委员会的生效法律文书或者人民政府的生效决定单方申请不动产登记。

有下列情形之一的，不动产登记机构直接办理不动产登记：

（一）人民法院持生效法律文书和协助执行通知书要求不动产登记机构办理登记的；

（二）人民检察院、公安机关依据法律规定持协助查封通知书要求办理查封登记的；

（三）人民政府依法做出征收或者收回不动产权利决定生效后，要求不动产登记机构办理注销登记的；

（四）法律、行政法规规定的其他情形。

不动产登记机构认为登记事项存在异议的，应当依法向有关机关提出审查建议。

第二十条 不动产登记机构应当根据不动产登记簿，填写并核发不动产权属证书或者不动产登记证明。电子证书证明与纸质证书证明具有同等法律效力。

除办理抵押权登记、地役权登记和预告登记、异议登记，向申请人核发不动产登记证明外，不动产登记机构应当依法向权利人核发不动产权属证书。

不动产权属证书和不动产登记证明，应当加盖不动产登记机构登记专用章。

不动产权属证书和不动产登记证明样式，由自然资源部统一规定。

第二十一条 申请共有不动产登记的，不动产登记机构向全体共有人合并发放一本不动产权属证书；共有人申请分别持证的，可以为共有人分别发放不动产权属证书。

共有不动产权属证书应当注明共有情况，并列明全体共有人。

第二十二条 不动产权属证书或者不动产登记证明污损、破损的，当事人可以向不动产登记机构申请换发。符合换发条件的，不动产登记机构应当予以换发，并收回原不动产权属证书或者不动产登记证明。

不动产权属证书或者不动产登记证明遗失、灭失，不动产权利人申请补发的，由不动产登记机构在其门户网站上刊发不动产权利人的遗失、灭失声明后，即予以补发。

不动产登记机构补发不动产权属证书或者不动产登记证明的，应当将补发不动产权属证书或者不动产登记证明的事项记载于不动产登记簿，并在不动产权属证书或者不动产登记证明上注明"补发"字样。

第二十三条 因不动产权利灭失等情形，不动产登记机构需要收回不动产权属证书或者不动产登记证明的，应当在不动产登记簿上将收回不动产权属证书或者不动产登记证明的事项予以注明；确实无法收回的，应当在不动产登记机构门户网站或者当地公开发行的报刊上公告作废。

第四章　不动产权利登记

第一节　一般规定

第二十四条　不动产首次登记，是指不动产权利第一次登记。

未办理不动产首次登记的，不得办理不动产其他类型登记，但法律、行政法规另有规定的除外。

第二十五条　市、县人民政府可以根据情况对本行政区域内未登记的不动产，组织开展集体土地所有权、宅基地使用权、集体建设用地使用权、土地承包经营权的首次登记。

依照前款规定办理首次登记所需的权属来源、调查等登记材料，由人民政府有关部门组织获取。

第二十六条　下列情形之一的，不动产权利人可以向不动产登记机构申请变更登记：

（一）权利人的姓名、名称、身份证明类型或者身份证明号码发生变更的；

（二）不动产的坐落、界址、用途、面积等状况变更的；

（三）不动产权利期限、来源等状况发生变化的；

（四）同一权利人分割或者合并不动产的；

（五）抵押担保的范围、主债权数额、债务履行期限、抵押权顺位发生变化的；

（六）最高额抵押担保的债权范围、最高债权额、债权确定期间等发生变化的；

（七）地役权的利用目的、方法等发生变化的；

（八）共有性质发生变更的；

（九）法律、行政法规规定的其他不涉及不动产权利转移的变更情形。

第二十七条　因下列情形导致不动产权利转移的，当事人可以向不动产登记机构申请转移登记：

（一）买卖、互换、赠与不动产的；

（二）以不动产作价出资（入股）的；

（三）法人或者其他组织因合并、分立等原因致使不动产权利发生转移的；

（四）不动产分割、合并导致权利发生转移的；

（五）继承、受遗赠导致权利发生转移的；

（六）共有人增加或者减少以及共有不动产份额变化的；

（七）因人民法院、仲裁委员会的生效法律文书导致不动产权利发生转移的；

（八）因主债权转移引起不动产抵押权转移的；

（九）因需役地不动产权利转移引起地役权转移的；

（十）法律、行政法规规定的其他不动产权利转移情形。

第二十八条　有下列情形之一的，当事人可以申请办理注销登记：

（一）不动产灭失的；

（二）权利人放弃不动产权利的；

（三）不动产被依法没收、征收或者收回的；

（四）人民法院、仲裁委员会的生效法律文书导致不动产权利消灭的；

（五）法律、行政法规规定的其他情形。

不动产上已经设立抵押权、地役权或者已经办理预告登记，所有权人、使用权人因放弃权利申请注销登记的，申请人应当提供抵押权人、地役权人、预告登记权利人同意的书面材料。

第二节　集体土地所有权登记

第二十九条　集体土地所有权登记，依照下列规定提出申请：

（一）土地属于村农民集体所有的，由村集体经济组织代为申请，没有集体经济组织的，由村民委员会代为申请；

51

（二）土地分别属于村内两个以上农民集体所有的，由村内各集体经济组织代为申请，没有集体经济组织的，由村民小组代为申请；

（三）土地属于乡（镇）农民集体所有的，由乡（镇）集体经济组织代为申请。

第三十条 申请集体土地所有权首次登记的，应当提交下列材料：

（一）土地权属来源材料；

（二）权籍调查表、宗地图以及宗地界址点坐标；

（三）其他必要材料。

第三十一条 农民集体因互换、土地调整等原因导致集体土地所有权转移，申请集体土地所有权转移登记的，应当提交下列材料：

（一）不动产权属证书；

（二）互换、调整协议等集体土地所有权转移的材料；

（三）本集体经济组织三分之二以上成员或者三分之二以上村民代表同意的材料；

（四）其他必要材料。

第三十二条 申请集体土地所有权变更、注销登记的，应当提交下列材料：

（一）不动产权属证书；

（二）集体土地所有权变更、消灭的材料；

（三）其他必要材料。

第三节 国有建设用地使用权及房屋所有权登记

第三十三条 依法取得国有建设用地使用权，可以单独申请国有建设用地使用权登记。

依法利用国有建设用地建造房屋的，可以申请国有建设用地使用权及房屋所有权登记。

第三十四条 申请国有建设用地使用权首次登记，应当提交下列材料：

（一）土地权属来源材料；

（二）权籍调查表、宗地图以及宗地界址点坐标；

（三）土地出让价款、土地租金、相关税费等缴纳凭证；

（四）其他必要材料。

前款规定的土地权属来源材料，根据权利取得方式的不同，包括国有建设用地划拨决定书、国有建设用地使用权出让合同、国有建设用地使用权租赁合同以及国有建设用地使用权作价出资（入股）、授权经营批准文件。

申请在地上或者地下单独设立国有建设用地使用权登记的，按照本条规定办理。

第三十五条 申请国有建设用地使用权及房屋所有权首次登记的，应当提交下列材料：

（一）不动产权属证书或者土地权属来源材料；

（二）建设工程符合规划的材料；

（三）房屋已经竣工的材料；

（四）房地产调查或者测绘报告；

（五）相关税费缴纳凭证；

（六）其他必要材料。

第三十六条 办理房屋所有权首次登记时，申请人应当将建筑区划内依法属于业主共有的道路、绿地、其他公共场所、公用设施和物业服务用房及其占用范围内的建设用地使用权一并申请登记为业主共有。业主转让房屋所有权的，其对共有部分享有的权利依法一并转让。

第三十七条 申请国有建设用地使用权及房屋所有权变更登记的，应当根据不同情况，提交下列材料：

（一）不动产权属证书；

（二）发生变更的材料；

（三）有批准权的人民政府或者主管部门的批准文件；

（四）国有建设用地使用权出让合同或者补充协议；

（五）国有建设用地使用权出让价款、税费等缴纳凭证；

（六）其他必要材料。

第三十八条　申请国有建设用地使用权及房屋所有权转移登记的，应当根据不同情况，提交下列材料：

（一）不动产权属证书；

（二）买卖、互换、赠与合同；

（三）继承或者受遗赠的材料；

（四）分割、合并协议；

（五）人民法院或者仲裁委员会生效的法律文书；

（六）有批准权的人民政府或者主管部门的批准文件；

（七）相关税费缴纳凭证；

（八）其他必要材料。

不动产买卖合同依法应当备案的，申请人申请登记时须提交经备案的买卖合同。

第三十九条　具有独立利用价值的特定空间以及码头、油库等其他建筑物、构筑物所有权的登记，按照本实施细则中房屋所有权登记有关规定办理。

第四节　宅基地使用权及房屋所有权登记

第四十条　依法取得宅基地使用权，可以单独申请宅基地使用权登记。

依法利用宅基地建造住房及其附属设施的，可以申请宅基地使用权及房屋所有权登记。

第四十一条　申请宅基地使用权及房屋所有权首次登记的，应当根据不同情况，提交下列材料：

（一）申请人身份证和户口簿；

（二）不动产权属证书或者有批准权的人民政府批准用地的文件等权属来源材料；

（三）房屋符合规划或者建设的相关材料；

（四）权籍调查表、宗地图、房屋平面图以及宗地界址点坐标等有关不动产界址、面积等材料；

（五）其他必要材料。

第四十二条　因依法继承、分家析产、集体经济组织内部互换房屋等导致宅基地使用权及房屋所有权发生转移申请登记的，申请人应当根据不同情况，提交下列材料：

（一）不动产权属证书或者其他权属来源材料；

（二）依法继承的材料；

（三）分家析产的协议或者材料；

（四）集体经济组织内部互换房屋的协议；

（五）其他必要材料。

第四十三条　申请宅基地等集体土地上的建筑物区分所有权登记的，参照国有建设用地使用权及建筑物区分所有权的规定办理登记。

第五节　集体建设用地使用权及建筑物、构筑物所有权登记

第四十四条　依法取得集体建设用地使用权，可以单独申请集体建设用地使用权登记。

依法利用集体建设用地兴办企业，建设公共设施，从事公益事业等的，可以申请集体建设用地使用权及地上建筑物、构筑物所有权登记。

第四十五条　申请集体建设用地使用权及建筑物、构筑物所有权首次登记的，申请人应当根据不同情况，提交下列材料：

（一）有批准权的人民政府批准用地的文件等土地权属来源材料；

（二）建设工程符合规划的材料；

（三）权籍调查表、宗地图、房屋平面图以及宗地界址点坐标等有关不动产界址、面积等材料；

（四）建设工程已竣工的材料；

（五）其他必要材料。

集体建设用地使用权首次登记完成后，申请人申请建筑物、构筑物所有权首次登记的，应当提交享有集体建设用地使用权的不动产权属证书。

第四十六条 申请集体建设用地使用权及建筑物、构筑物所有权变更登记、转移登记、注销登记的，申请人应当根据不同情况，提交下列材料：

（一）不动产权属证书；

（二）集体建设用地使用权及建筑物、构筑物所有权变更、转移、消灭的材料；

（三）其他必要材料。

因企业兼并、破产等原因致使集体建设用地使用权及建筑物、构筑物所有权发生转移的，申请人应当持相关协议及有关部门的批准文件等相关材料，申请不动产转移登记。

第六节　土地承包经营权登记

第四十七条 承包农民集体所有的耕地、林地、草地、水域、滩涂以及荒山、荒沟、荒丘、荒滩等农用地，或者国家所有依法由农民集体使用的农用地从事种植业、林业、畜牧业、渔业等农业生产的，可以申请土地承包经营权登记；地上有森林、林木的，应当在申请土地承包经营权登记时一并申请登记。

第四十八条 依法以承包方式在土地上从事种植业或者养殖业生产活动的，可以申请土地承包经营权的首次登记。

以家庭承包方式取得的土地承包经营权的首次登记，由发包方持土地承包经营合同等材料申请。

以招标、拍卖、公开协商等方式承包农村土地的，由承包方持土地承包经营合同申请土地承包经营权首次登记。

第四十九条 已经登记的土地承包经营权有下列情形之一的，承包方应当持原不动产权属证书以及其他证实发生变更事实的材料，申请土地承包经营权变更登记：

（一）权利人的姓名或者名称等事项发生变化的；

（二）承包土地的坐落、名称、面积发生变化的；

（三）承包期限依法变更的；

（四）承包期限届满，土地承包经营权人按照国家有关规定继续承包的；

（五）退耕还林、退耕还湖、退耕还草导致土地用途改变的；

（六）森林、林木的种类等发生变化的；

（七）法律、行政法规规定的其他情形。

第五十条　已经登记的土地承包经营权发生下列情形之一的，当事人双方应当持互换协议、转让合同等材料，申请土地承包经营权的转移登记：

（一）互换；

（二）转让；

（三）因家庭关系、婚姻关系变化等原因导致土地承包经营权分割或者合并的；

（四）依法导致土地承包经营权转移的其他情形。

以家庭承包方式取得的土地承包经营权，采取转让方式流转的，还应当提供发包方同意的材料。

第五十一条　已经登记的土地承包经营权发生下列情形之一的，承包方应当持不动产权属证书、证实灭失的材料等，申请注销登记：

（一）承包经营的土地灭失的；

（二）承包经营的土地被依法转为建设用地的；

（三）承包经营权人丧失承包经营资格或者放弃承包经营权的；

（四）法律、行政法规规定的其他情形。

第五十二条　以承包经营以外的合法方式使用国有农用地的国有农场、草场，以及使用国家所有的水域、滩涂等农用地进行农业生产，申请国有农用地的使用权登记的，参照本实施细则有关规定办理。

国有农场、草场申请国有未利用地登记的，依照前款规定办理。

第五十三条　国有林地使用权登记，应当提交有批准权的人民政府或者主管部门的批准文件，地上森林、林木一并登记。

第七节　海域使用权登记

第五十四条　依法取得海域使用权，可以单独申请海域使用权登记。

依法使用海域，在海域上建造建筑物、构筑物的，应当申请海域使用权及建筑物、构筑物所有权登记。

申请无居民海岛登记的，参照海域使用权登记有关规定办理。

第五十五条　申请海域使用权首次登记的，应当提交下列材料：

（一）项目用海批准文件或者海域使用权出让合同；

（二）宗海图以及界址点坐标；

（三）海域使用金缴纳或者减免凭证；

（四）其他必要材料。

第五十六条　有下列情形之一的，申请人应当持不动产权属证书、海域使用权变更的文件等材料，申请海域使用权变更登记：

（一）海域使用权人姓名或者名称改变的；

（二）海域坐落、名称发生变化的；

（三）改变海域使用位置、面积或者期限的；

（四）海域使用权续期的；

（五）共有性质变更的；

（六）法律、行政法规规定的其他情形。

第五十七条　有下列情形之一的，申请人可以申请海域使用权转移登记：

（一）因企业合并、分立或者与他人合资、合作经营、作价入股导致海域使用权转移的；

（二）依法转让、赠与、继承、受遗赠海域使用权的；

（三）因人民法院、仲裁委员会生效法律文书导致海域使用权转移的；

（四）法律、行政法规规定的其他情形。

第五十八条 申请海域使用权转移登记的，申请人应当提交下列材料：

（一）不动产权属证书；

（二）海域使用权转让合同、继承材料、生效法律文书等材料；

（三）转让批准取得的海域使用权，应当提交原批准用海的海洋行政主管部门批准转让的文件；

（四）依法需要补交海域使用金的，应当提交海域使用金缴纳的凭证；

（五）其他必要材料。

第五十九条 申请海域使用权注销登记的，申请人应当提交下列材料：

（一）原不动产权属证书；

（二）海域使用权消灭的材料；

（三）其他必要材料。

因围填海造地等导致海域灭失的，申请人应当在围填海造地等工程竣工后，依照本实施细则规定申请国有土地使用权登记，并办理海域使用权注销登记。

第八节　地役权登记

第六十条 按照约定设定地役权，当事人可以持需役地和供役地的不动产权属证书、地役权合同以及其他必要文件，申请地役权首次登记。

第六十一条 经依法登记的地役权发生下列情形之一的，当事人应当持地役权合同、不动产登记证明和证实变更的材料等必要材料，申请地役权变更登记：

（一）地役权当事人的姓名或者名称等发生变化；

（二）共有性质变更的；

（三）需役地或者供役地自然状况发生变化；

（四）地役权内容变更的；

（五）法律、行政法规规定的其他情形。

供役地分割转让办理登记，转让部分涉及地役权的，应当由受让人与地役权人一并申请地役权变更登记。

第六十二条 已经登记的地役权因土地承包经营权、建设用地使用权转让发生转移的，当事人应当持不动产登记证明、地役权转移合同等必要材料，申请地役权转移登记。

申请需役地转移登记的，或者需役地分割转让，转让部分涉及已登记的地役权的，当事人应当一并申请地役权转移登记，但当事人另有约定的除外。当事人拒绝一并申请地役权转移登记的，应当出具书面材料。不动产登记机构办理转移登记时，应当同时办理地役权注销登记。

第六十三条 已经登记的地役权，有下列情形之一的，当事人可以持不动产登记证明、证实地役权发生消灭的材料等必要材料，申请地役权注销登记：

（一）地役权期限届满；

（二）供役地、需役地归于同一人；

（三）供役地或者需役地灭失；

（四）人民法院、仲裁委员会的生效法律文书导致地役权消灭；

（五）依法解除地役权合同；

（六）其他导致地役权消灭的事由。

第六十四条 地役权登记，不动产登记机构应当将登记事项分别记载于需役地和供役地登记簿。

供役地、需役地分属不同不动产登记机构管辖的，当事人应当向供役地所在地的不动产登记机构申请地役权登记。供役地所在地不动产登记机构完成登记后，应当将相关事项通知需役地所在地不动产登记机构，并由其记载于需役地登记簿。

地役权设立后，办理首次登记前发生变更、转移的，当事人应当提交相关材料，就已经变更或者转移的地役权，直接申请首次登记。

第九节 抵押权登记

第六十五条 对下列财产进行抵押的，可以申请办理不动产抵押登记：

（一）建设用地使用权；

（二）建筑物和其他土地附着物；

（三）海域使用权；

（四）以招标、拍卖、公开协商等方式取得的荒地等土地承包经营权；

（五）正在建造的建筑物；

（六）法律、行政法规未禁止抵押的其他不动产。

以建设用地使用权、海域使用权抵押的，该土地、海域上的建筑物、构筑物一并抵押；以建筑物、构筑物抵押的，该建筑物、构筑物占用范围内的建设用地使用权、海域使用权一并抵押。

第六十六条 自然人、法人或者其他组织为保障其债权的实现，依法以不动产设定抵押的，可以由当事人持不动产权属证书、抵押合同与主债权合同等必要材料，共同申请办理抵押登记。

抵押合同可以是单独订立的书面合同，也可以是主债权合同中的抵押条款。

第六十七条 同一不动产上设立多个抵押权的，不动产登记机构应当按照受理时间的先后顺序依次办理登记，并记载于不动产登记簿。当事人对抵押权顺位另有约定的，从其规定办理登记。

第六十八条 有下列情形之一的，当事人应当持不动产权属证书、不动产登记证明、抵押权变更等必要材料，申请抵押权变更登记：

（一）抵押人、抵押权人的姓名或者名称变更的；

（二）被担保的主债权数额变更的；

（三）债务履行期限变更的；

（四）抵押权顺位变更的；

（五）法律、行政法规规定的其他情形。

因被担保债权主债权的种类及数额、担保范围、债务履行期限、抵押权顺位发生变更申请抵押权变更登记时，如果该抵押权的变更将对其他抵押权人产生不利影响的，还应当提交其他抵押权人书面同意的材料与身份证或者户口簿等材料。

第六十九条　因主债权转让导致抵押权转让的，当事人可以持不动产权属证书、不动产登记证明、被担保主债权的转让协议、债权人已经通知债务人的材料等相关材料，申请抵押权的转移登记。

第七十条　有下列情形之一的，当事人可以持不动产登记证明、抵押权消灭的材料等必要材料，申请抵押权注销登记：

（一）主债权消灭；

（二）抵押权已经实现；

（三）抵押权人放弃抵押权；

（四）法律、行政法规规定抵押权消灭的其他情形。

第七十一条　设立最高额抵押权的，当事人应当持不动产权属证书、最高额抵押合同与一定期间内将要连续发生的债权的合同或者其他登记原因材料等必要材料，申请最高额抵押权首次登记。

当事人申请最高额抵押权首次登记时，同意将最高额抵押权设立前已经存在的债权转入最高额抵押担保的债权范围的，还应当提交已存在债权的合同以及当事人同意将该债权纳入最高额抵押权担保范围的书面材料。

第七十二条　有下列情形之一的，当事人应当持不动产登记证明、最高额抵押权发生变更的材料等必要材料，申请最高额抵押权变更登记：

（一）抵押人、抵押权人的姓名或者名称变更的；

（二）债权范围变更的；

（三）最高债权额变更的；

（四）债权确定的期间变更的；

（五）抵押权顺位变更的；

（六）法律、行政法规规定的其他情形。

因最高债权额、债权范围、债务履行期限、债权确定的期间发生变更申请最高额抵押权变更登记时，如果该变更将对其他抵押权人产生不利影响的，当事人还应当提交其他抵押权人的书面同意文件与身份证或者户口簿等。

第七十三条 当发生导致最高额抵押权担保的债权被确定的事由，从而使最高额抵押权转变为一般抵押权时，当事人应当持不动产登记证明、最高额抵押权担保的债权已确定的材料等必要材料，申请办理确定最高额抵押权的登记。

第七十四条 最高额抵押权发生转移的，应当持不动产登记证明、部分债权转移的材料、当事人约定最高额抵押权随同部分债权的转让而转移的材料等必要材料，申请办理最高额抵押权转移登记。

债权人转让部分债权，当事人约定最高额抵押权随同部分债权的转让而转移的，应当分别申请下列登记：

（一）当事人约定原抵押权人与受让人共同享有最高额抵押权的，应当申请最高额抵押权的转移登记；

（二）当事人约定受让人享有一般抵押权、原抵押权人就扣减已转移的债权数额后继续享有最高额抵押权的，应当申请一般抵押权的首次登记以及最高额抵押权的变更登记；

（三）当事人约定原抵押权人不再享有最高额抵押权的，应当一并申请最高额抵押权确定登记以及一般抵押权转移登记。

最高额抵押权担保的债权确定前，债权人转让部分债权的，除当事人另有约定外，不动产登记机构不得办理最高额抵押权转移登记。

第七十五条 以建设用地使用权以及全部或者部分在建建筑物设定抵押的，应当一并申请建设用地使用权以及在建建筑物抵押权的首次登记。

当事人申请在建建筑物抵押权首次登记时，抵押财产不包括已经办理预告登记的预购商品房和已经办理预售备案的商品房。

前款规定的在建建筑物，是指正在建造、尚未办理所有权首次登记的房屋等建筑物。

第七十六条 申请在建建筑物抵押权首次登记的，当事人应当提交下列材料：

（一）抵押合同与主债权合同；

（二）享有建设用地使用权的不动产权属证书；

（三）建设工程规划许可证；

（四）其他必要材料。

第七十七条 在建建筑物抵押权变更、转移或者消灭的，当事人应当提交下列材料，申请变更登记、转移登记、注销登记：

（一）不动产登记证明；

（二）在建建筑物抵押权发生变更、转移或者消灭的材料；

（三）其他必要材料。

在建建筑物竣工，办理建筑物所有权首次登记时，当事人应当申请将在建建筑物抵押权登记转为建筑物抵押权登记。

第七十八条 申请预购商品房抵押登记，应当提交下列材料：

（一）抵押合同与主债权合同；

（二）预购商品房预告登记材料；

（三）其他必要材料。

预购商品房办理房屋所有权登记后，当事人应当申请将预购商品房抵押预告登记转为商品房抵押权首次登记。

第五章　其他登记

第一节　更正登记

第七十九条 权利人、利害关系人认为不动产登记簿记载的事项有错误，可以申请更正登记。

权利人申请更正登记的，应当提交下列材料：

（一）不动产权属证书；

（二）证实登记确有错误的材料；

（三）其他必要材料。

利害关系人申请更正登记的，应当提交利害关系材料、证实不动产登记簿记载错误的材料以及其他必要材料。

第八十条　不动产权利人或者利害关系人申请更正登记，不动产登记机构认为不动产登记簿记载确有错误的，应当予以更正；但在错误登记之后已经办理了涉及不动产权利处分的登记、预告登记和查封登记的除外。

不动产权属证书或者不动产登记证明填制错误以及不动产登记机构在办理更正登记中，需要更正不动产权属证书或者不动产登记证明内容的，应当书面通知权利人换发，并把换发不动产权属证书或者不动产登记证明的事项记载于登记簿。

不动产登记簿记载无误的，不动产登记机构不予更正，并书面通知申请人。

第八十一条　不动产登记机构发现不动产登记簿记载的事项错误，应当通知当事人在 30 个工作日内办理更正登记。当事人逾期不办理的，不动产登记机构应当在公告 15 个工作日后，依法予以更正；但在错误登记之后已经办理了涉及不动产权利处分的登记、预告登记和查封登记的除外。

第二节　异议登记

第八十二条　利害关系人认为不动产登记簿记载的事项错误，权利人不同意更正的，利害关系人可以申请异议登记。

利害关系人申请异议登记的，应当提交下列材料：

（一）证实对登记的不动产权利有利害关系的材料；

（二）证实不动产登记簿记载的事项错误的材料；

（三）其他必要材料。

第八十三条　不动产登记机构受理异议登记申请的，应当将异议事项记载于不动产登记簿，并向申请人出具异议登记证明。

异议登记申请人应当在异议登记之日起 15 日内，提交人民法院受理通知书、仲裁委员会受理通知书等提起诉讼、申请仲裁的材料；逾期不提交的，异议登记失效。

异议登记失效后，申请人就同一事项以同一理由再次申请异议登记的，不动产登记机构不予受理。

第八十四条 异议登记期间，不动产登记簿上记载的权利人以及第三人因处分权利申请登记的，不动产登记机构应当书面告知申请人该权利已经存在异议登记的有关事项。申请人申请继续办理的，应当予以办理，但申请人应当提供知悉异议登记存在并自担风险的书面承诺。

第三节 预 告 登 记

第八十五条 有下列情形之一的，当事人可以按照约定申请不动产预告登记：

（一）商品房等不动产预售的；

（二）不动产买卖、抵押的；

（三）以预购商品房设定抵押权的；

（四）法律、行政法规规定的其他情形。

预告登记生效期间，未经预告登记的权利人书面同意，处分该不动产权利申请登记的，不动产登记机构应当不予办理。

预告登记后，债权未消灭且自能够进行相应的不动产登记之日起3个月内，当事人申请不动产登记的，不动产登记机构应当按照预告登记事项办理相应的登记。

第八十六条 申请预购商品房的预告登记，应当提交下列材料：

（一）已备案的商品房预售合同；

（二）当事人关于预告登记的约定；

（三）其他必要材料。

预售人和预购人订立商品房买卖合同后，预售人未按照约定与预购人申请预告登记，预购人可以单方申请预告登记。

预购人单方申请预购商品房预告登记，预售人与预购人在商品房预售合同中对预告登记附有条件和期限的，预购人应当提交相应材料。

申请预告登记的商品房已经办理在建建筑物抵押权首次登记的，当事人应当一并申请在建建筑物抵押权注销登记，并提交不动产权属转移材料、不动产登记证明。不动产登记机构应当先办理在建建筑物抵押权注销登记，再办理预告登记。

第八十七条　申请不动产转移预告登记的，当事人应当提交下列材料：

（一）不动产转让合同；

（二）转让方的不动产权属证书；

（三）当事人关于预告登记的约定；

（四）其他必要材料。

第八十八条　抵押不动产，申请预告登记的，当事人应当提交下列材料：

（一）抵押合同与主债权合同；

（二）不动产权属证书；

（三）当事人关于预告登记的约定；

（四）其他必要材料。

第八十九条　预告登记未到期，有下列情形之一的，当事人可以持不动产登记证明、债权消灭或者权利人放弃预告登记的材料，以及法律、行政法规规定的其他必要材料申请注销预告登记：

（一）预告登记的权利人放弃预告登记的；

（二）债权消灭的；

（三）法律、行政法规规定的其他情形。

第四节　查封登记

第九十条　人民法院要求不动产登记机构办理查封登记的，应当提交下列材料：

（一）人民法院工作人员的工作证；

（二）协助执行通知书；

（三）其他必要材料。

第九十一条 两个以上人民法院查封同一不动产的，不动产登记机构应当为先送达协助执行通知书的人民法院办理查封登记，对后送达协助执行通知书的人民法院办理轮候查封登记。

轮候查封登记的顺序按照人民法院协助执行通知书送达不动产登记机构的时间先后进行排列。

第九十二条 查封期间，人民法院解除查封的，不动产登记机构应当及时根据人民法院协助执行通知书注销查封登记。

不动产查封期限届满，人民法院未续封的，查封登记失效。

第九十三条 人民检察院等其他国家有权机关依法要求不动产登记机构办理查封登记的，参照本节规定办理。

第六章 不动产登记资料的查询、保护和利用

第九十四条 不动产登记资料包括：

（一）不动产登记簿等不动产登记结果；

（二）不动产登记原始资料，包括不动产登记申请书、申请人身份材料、不动产权属来源、登记原因、不动产权籍调查成果等材料以及不动产登记机构审核材料。

不动产登记资料由不动产登记机构管理。不动产登记机构应当建立不动产登记资料管理制度以及信息安全保密制度，建设符合不动产登记资料安全保护标准的不动产登记资料存放场所。

不动产登记资料中属于归档范围的，按照相关法律、行政法规的规定进行归档管理，具体办法由自然资源部会同国家档案主管部门另行制定。

第九十五条 不动产登记机构应当加强不动产登记信息化建设，按照统一的不动产登记信息管理基础平台建设要求和技术标准，做好数据整合、系统建设和信息服务等工作，加强不动产登记信息产

品开发和技术创新，提高不动产登记的社会综合效益。

各级不动产登记机构应当采取措施保障不动产登记信息安全。任何单位和个人不得泄露不动产登记信息。

第九十六条　不动产登记机构、不动产交易机构建立不动产登记信息与交易信息互联共享机制，确保不动产登记与交易有序衔接。

不动产交易机构应当将不动产交易信息及时提供给不动产登记机构。不动产登记机构完成登记后，应当将登记信息及时提供给不动产交易机构。

第九十七条　国家实行不动产登记资料依法查询制度。

权利人、利害关系人按照《条例》第二十七条规定依法查询、复制不动产登记资料的，应当到具体办理不动产登记的不动产登记机构申请。

权利人可以查询、复制其不动产登记资料。

因不动产交易、继承、诉讼等涉及的利害关系人可以查询、复制不动产自然状况、权利人及其不动产查封、抵押、预告登记、异议登记等状况。

人民法院、人民检察院、国家安全机关、监察机关等可以依法查询、复制与调查和处理事项有关的不动产登记资料。

其他有关国家机关执行公务依法查询、复制不动产登记资料的，依照本条规定办理。

涉及国家秘密的不动产登记资料的查询，按照保守国家秘密法的有关规定执行。

第九十八条　权利人、利害关系人申请查询、复制不动产登记资料应当提交下列材料：

（一）查询申请书；

（二）查询目的的说明；

（三）申请人的身份材料；

（四）利害关系人查询的，提交证实存在利害关系的材料。

权利人、利害关系人委托他人代为查询的，还应当提交代理人的身份证明材料、授权委托书。权利人查询其不动产登记资料无需提供查询目的的说明。

有关国家机关查询的，应当提供本单位出具的协助查询材料、工作人员的工作证。

第九十九条 有下列情形之一的，不动产登记机构不予查询，并书面告知理由：

（一）申请查询的不动产不属于不动产登记机构管辖范围的；

（二）查询人提交的申请材料不符合规定的；

（三）申请查询的主体或者查询事项不符合规定的；

（四）申请查询的目的不合法的；

（五）法律、行政法规规定的其他情形。

第一百条 对符合本实施细则规定的查询申请，不动产登记机构应当当场提供查询；因情况特殊，不能当场提供查询的，应当在5个工作日内提供查询。

第一百零一条 查询人查询不动产登记资料，应当在不动产登记机构设定的场所进行。

不动产登记原始资料不得带离设定的场所。

查询人在查询时应当保持不动产登记资料的完好，严禁遗失、拆散、调换、抽取、污损登记资料，也不得损坏查询设备。

第一百零二条 查询人可以查阅、抄录不动产登记资料。查询人要求复制不动产登记资料的，不动产登记机构应当提供复制。

查询人要求出具查询结果证明的，不动产登记机构应当出具查询结果证明。查询结果证明应注明查询目的及日期，并加盖不动产登记机构查询专用章。

第七章　法律责任

第一百零三条 不动产登记机构工作人员违反本实施细则规定，有下列行为之一的，依法给予处分；构成犯罪的，依法追究刑事责任：

（一）对符合登记条件的登记申请不予登记，对不符合登记条件的登记申请予以登记；

（二）擅自复制、篡改、毁损、伪造不动产登记簿；

（三）泄露不动产登记资料、登记信息；

（四）无正当理由拒绝申请人查询、复制登记资料；

（五）强制要求权利人更换新的权属证书。

第一百零四条 当事人违反本实施细则规定，有下列行为之一，构成违反治安管理行为的，依法给予治安管理处罚；给他人造成损失的，依法承担赔偿责任；构成犯罪的，依法追究刑事责任：

（一）采用提供虚假材料等欺骗手段申请登记；

（二）采用欺骗手段申请查询、复制登记资料；

（三）违反国家规定，泄露不动产登记资料、登记信息；

（四）查询人遗失、拆散、调换、抽取、污损登记资料的；

（五）擅自将不动产登记资料带离查询场所、损坏查询设备的。

第八章　附　　则

第一百零五条 本实施细则施行前，依法核发的各类不动产权属证书继续有效。不动产权利未发生变更、转移的，不动产登记机构不得强制要求不动产权利人更换不动产权属证书。

不动产登记过渡期内，农业部会同自然资源部等部门负责指导农村土地承包经营权的统一登记工作，按照农业部有关规定办理耕地的土地承包经营权登记。不动产登记过渡期后，由自然资源部负责指导农村土地承包经营权登记工作。

第一百零六条 不动产信托依法需要登记的，由自然资源部会同有关部门另行规定。

第一百零七条 军队不动产登记，其申请材料经军队不动产主管部门审核后，按照本实施细则规定办理。

第一百零八条 自然资源部委托北京市规划和自然资源委员会直接办理在京中央国家机关的不动产登记。

在京中央国家机关申请不动产登记时，应当提交《不动产登记暂行条例》及本实施细则规定的材料和有关机关事务管理局出具的不动产登记审核意见。不动产权属资料不齐全的，还应当提交由有关机关事务管理局确认盖章的不动产权属来源说明函。不动产权籍调查由有关机关事务管理局会同北京市规划和自然资源委员会组织进行的，还应当提交申请登记不动产单元的不动产权籍调查资料。

北京市规划和自然资源委员会办理在京中央国家机关不动产登记时，应当使用自然资源部制发的"自然资源部不动产登记专用章"。

第一百零九条 本实施细则自公布之日起施行。

自然资源部关于做好
不动产抵押权登记工作的通知

(2021年4月6日　自然资发〔2021〕54号)

各省、自治区、直辖市自然资源主管部门，新疆生产建设兵团自然资源局：

为落实《民法典》对不动产抵押权的规定，现就有关事项通知如下：

一、**依法确定不动产抵押范围**。学校、幼儿园、医疗机构、养老机构等为公益目的成立的非营利法人的教育设施、医疗卫生设施、养老设施和其他公益设施，以及法律、行政法规规定不得抵押的其他不动产，不得办理不动产抵押登记。

二、**明确记载抵押担保范围**。当事人对一般抵押或者最高额抵押的主债权及其利息、违约金、损害赔偿金和实现抵押权费用等抵押担保范围有明确约定的，不动产登记机构应当根据申请在不动产登记簿"担保范围"栏记载；没有提出申请的，填写"/"。

三、保障抵押不动产依法转让。当事人申请办理不动产抵押权首次登记或抵押预告登记的，不动产登记机构应当根据申请在不动产登记簿"是否存在禁止或限制转让抵押不动产的约定"栏记载转让抵押不动产的约定情况。有约定的填写"是"，抵押期间依法转让的，应当由受让人、抵押人（转让人）和抵押权人共同申请转移登记；没有约定的填写"否"，抵押期间依法转让的，应当由受让人、抵押人（转让人）共同申请转移登记。约定情况发生变化的，不动产登记机构应当根据申请办理变更登记。

《民法典》施行前已经办理抵押登记的不动产，抵押期间转让的，未经抵押权人同意，不予办理转移登记。

四、完善不动产登记簿。对《国土资源部关于启用不动产登记簿证样式（试行）的通知》（国土资发〔2015〕25号）规定的不动产登记簿样式进行修改：

1. 在"抵押权登记信息"页、"预告登记信息"页均增加"担保范围"、"是否存在禁止或限制转让抵押不动产的约定"栏目。

2. 将"抵押权登记信息"页的"最高债权数额"修改为"最高债权额"并独立为一个栏目，填写最高额抵押担保范围所对应的最高债权数额。

五、更新不动产权证书和不动产登记证明。更改法律依据，将电子和纸质不动产权证书、不动产登记证明中的"《中华人民共和国物权法》"修改为"《中华人民共和国民法典》"。

六、调整不动产登记系统、数据库以及申请书。各地要根据新的不动产登记簿，抓紧升级改造各级不动产登记系统，扩展完善数据库结构和内容，将新增和修改的栏目纳入登记系统和数据库，并实时完整上传汇交登记信息。要在不动产登记申请书中增加"担保范围"等栏目，完善申请书示范文本等，保障登记工作顺畅开展。

为厉行节约、避免浪费，原已印制的存量证书证明可以继续使用完为止。

附件：不动产登记簿修改页（略）

不动产登记资料查询暂行办法

(2018 年 3 月 2 日国土资源部令第 80 号公布　根据
2019 年 7 月 16 日《自然资源部关于第一批废止和修改的部
门规章的决定》第一次修订　根据 2024 年 5 月 9 日《自然
资源部关于第六批修改的部门规章的决定》第二次修订)

第一章　总　　则

第一条　为了规范不动产登记资料查询活动,加强不动产登记
资料管理、保护和利用,维护不动产交易安全,保护不动产权利人
的合法权益,根据《中华人民共和国物权法》《不动产登记暂行条
例》等法律法规,制定本办法。

第二条　本办法所称不动产登记资料,包括:

(一)不动产登记簿等不动产登记结果;

(二)不动产登记原始资料,包括不动产登记申请书、申请人身
份材料、不动产权属来源、登记原因、不动产权籍调查成果等材料
以及不动产登记机构审核材料。

不动产登记资料由不动产登记机构负责保存和管理。

第三条　县级以上人民政府不动产登记机构负责不动产登记资
料查询管理工作。

第四条　不动产权利人、利害关系人可以依照本办法的规定,
查询、复制不动产登记资料。

不动产权利人、利害关系人可以委托律师或者其他代理人查询、
复制不动产登记资料。

第五条　不动产登记资料查询,遵循依法、便民、高效的原则。

第六条　不动产登记机构应当加强不动产登记信息化建设,以
不动产登记信息管理基础平台为基础,通过运用互联网技术、设置

自助查询终端、在相关场所设置登记信息查询端口等方式，为查询人提供便利。

第二章　一　般　规　定

第七条　查询不动产登记资料，应当在不动产所在地的市、县人民政府不动产登记机构进行，但法律法规另有规定的除外。

查询人到非不动产所在地的不动产登记机构申请查询的，该机构应当告知其到相应的机构查询。

不动产登记机构应当提供必要的查询场地，并安排专门人员负责不动产登记资料的查询、复制和出具查询结果证明等工作。

申请查询不动产登记原始资料，应当优先调取数字化成果，确有需求和必要，可以调取纸质不动产登记原始资料。

第八条　不动产权利人、利害关系人申请查询不动产登记资料，应当提交查询申请书以及不动产权利人、利害关系人的身份证明材料。

查询申请书应当包括下列内容：

（一）查询主体；

（二）查询目的；

（三）查询内容；

（四）查询结果要求；

（五）提交的申请材料清单。

第九条　不动产权利人、利害关系人委托代理人代为申请查询不动产登记资料的，被委托人应当提交双方身份证明原件和授权委托书。

授权委托书中应当注明双方姓名或者名称、公民身份号码或者统一社会信用代码、委托事项、委托时限、法律义务、委托日期等内容，双方签字或者盖章。

代理人受委托查询、复制不动产登记资料的，其查询、复制范围由授权委托书确定。

第十条　符合查询条件，查询人需要出具不动产登记资料查询结果证明或者复制不动产登记资料的，不动产登记机构应当当场提供。因特殊原因不能当场提供的，应当在 5 个工作日内向查询人提供。

查询结果证明应当注明出具的时间，并加盖不动产登记机构查询专用章。电子查询结果证明与纸质查询结果证明具有同等法律效力。

第十一条　有下列情形之一的，不动产登记机构不予查询，并出具不予查询告知书：

（一）查询人提交的申请材料不符合本办法规定的；

（二）申请查询的主体或者查询事项不符合本办法规定的；

（三）申请查询的目的不符合法律法规规定的；

（四）法律、行政法规规定的其他情形。

查询人对不动产登记机构出具的不予查询告知书不服的，可以依法申请行政复议或者提起行政诉讼。

第十二条　申请查询的不动产登记资料涉及国家秘密的，不动产登记机构应当按照保守国家秘密法等有关规定执行。

第十三条　不动产登记机构应当建立查询记录簿，做好查询记录工作，记录查询人、查询目的或者用途、查询时间以及复制不动产登记资料的种类、出具的查询结果证明情况等。

第三章　权利人查询

第十四条　不动产登记簿上记载的权利人可以查询本不动产登记结果和本不动产登记原始资料。

第十五条　不动产权利人可以申请以下列索引信息查询不动产登记资料，但法律法规另有规定的除外：

（一）权利人的姓名或者名称、公民身份号码或者统一社会信用代码等特定主体身份信息；

（二）不动产具体坐落位置信息；

（三）不动产权属证书号；

（四）不动产单元号。

第十六条 不动产登记机构可以设置自助查询终端，为不动产权利人提供不动产登记结果查询服务。

自助查询终端应当具备验证相关身份证明以及出具查询结果证明的功能。

第十七条 继承人、受遗赠人因继承和受遗赠取得不动产权利的，适用本章关于不动产权利人查询的规定。

前款规定的继承人、受遗赠人查询不动产登记资料的，除提交本办法第八条规定的材料外，还应当提交被继承人或者遗赠人死亡证明、遗嘱或者遗赠抚养协议等可以证明继承或者遗赠行为发生的材料。

第十八条 清算组、破产管理人、财产代管人、监护人等依法有权管理和处分不动产权利的主体，参照本章规定查询相关不动产权利人的不动产登记资料。

依照本条规定查询不动产登记资料的，除提交本办法第八条规定的材料，还应当提交依法有权处分该不动产的材料。

第四章　利害关系人查询

第十九条 符合下列条件的利害关系人可以申请查询有利害关系的不动产登记结果：

（一）因买卖、互换、赠与、租赁、抵押不动产构成利害关系的；

（二）因不动产存在民事纠纷且已经提起诉讼、仲裁而构成利害关系的；

（三）法律法规规定的其他情形。

第二十条　不动产的利害关系人申请查询不动产登记结果的，除提交本办法第八条规定的材料外，还应当提交下列利害关系证明材料：

（一）因买卖、互换、赠与、租赁、抵押不动产构成利害关系的，提交买卖合同、互换合同、赠与合同、租赁合同、抵押合同；

（二）因不动产存在相关民事纠纷且已经提起诉讼或者仲裁而构成利害关系的，提交受理案件通知书、仲裁受理通知书。

第二十一条　有买卖、租赁、抵押不动产意向，或者拟就不动产提起诉讼或者仲裁等，但不能提供本办法第二十条规定的利害关系证明材料的，可以提交本办法第八条规定材料，查询相关不动产登记簿记载的下列信息：

（一）不动产的自然状况；

（二）不动产是否存在共有情形；

（三）不动产是否存在抵押权登记、预告登记或者异议登记情形；

（四）不动产是否存在查封登记或者其他限制处分的情形。

第二十二条　受本办法第二十一条规定的当事人委托的律师，还可以申请查询相关不动产登记簿记载的下列信息：

（一）申请验证所提供的被查询不动产权利主体名称与登记簿的记载是否一致；

（二）不动产的共有形式；

（三）要求办理查封登记或者限制处分机关的名称。

第二十三条　律师受当事人委托申请查询不动产登记资料的，除提交本办法第八条、第九条规定的材料外，还应当提交律师证和律师事务所出具的证明材料。

律师持人民法院的调查令申请查询不动产登记资料的，除提交本办法第八条规定的材料外，还应当提交律师证、律师事务所出具的证明材料以及人民法院的调查令。

第二十四条　不动产的利害关系人可以申请以下列索引信息查

询不动产登记资料：

（一）不动产具体坐落位置；

（二）不动产权属证书号；

（三）不动产单元号。

每份申请书只能申请查询一个不动产登记单元。

第二十五条 不动产利害关系人及其委托代理人，按照本办法申请查询的，应当承诺不将查询获得的不动产登记资料、登记信息用于其他目的，不泄露查询获得的不动产登记资料、登记信息，并承担由此产生的法律后果。

第五章 登记资料保护

第二十六条 查询人查询、复制不动产登记资料的，不得将不动产登记资料带离指定场所，不得拆散、调换、抽取、撕毁、污损不动产登记资料，也不得损坏查询设备。

查询人有前款行为的，不动产登记机构有权禁止该查询人继续查询不动产登记资料，并可以拒绝为其出具查询结果证明。

第二十七条 已有电子介质，且符合下列情形之一的纸质不动产登记原始资料可以销毁：

（一）抵押权登记、地役权登记已经注销且自注销之日起满五年的；

（二）查封登记、预告登记、异议登记已经注销且自注销之日起满五年的。

第二十八条 符合本办法第二十七条规定销毁条件的不动产登记资料应当在不动产登记机构指定的场所销毁。

不动产登记机构应当建立纸质不动产登记资料销毁清册，详细记录被销毁的纸质不动产登记资料的名称、数量、时间、地点，负责销毁以及监督销毁的人员应当在清册上签名。

第六章 罚 则

第二十九条 不动产登记机构及其工作人员违反本办法规定,有下列行为之一,对有关责任人员依法给予处分;涉嫌构成犯罪的,移送有关机关依法追究刑事责任:

(一)对符合查询、复制不动产登记资料条件的申请不予查询、复制,对不符合查询、复制不动产登记资料条件的申请予以查询、复制的;

(二)擅自查询、复制不动产登记资料或者出具查询结果证明的;

(三)泄露不动产登记资料、登记信息的;

(四)利用不动产登记资料进行不正当活动的;

(五)未履行对不动产登记资料的安全保护义务,导致不动产登记资料、登记信息毁损、灭失或者被他人篡改,造成严重后果的。

第三十条 查询人违反本办法规定,有下列行为之一,构成违反治安管理行为的,移送公安机关依法给予治安管理处罚;涉嫌构成犯罪的,移送有关机关依法追究刑事责任:

(一)采用提供虚假材料等欺骗手段申请查询、复制不动产登记资料的;

(二)泄露不动产登记资料、登记信息的;

(三)遗失、拆散、调换、抽取、污损、撕毁不动产登记资料的;

(四)擅自将不动产登记资料带离查询场所、损坏查询设备的;

(五)因扰乱查询、复制秩序导致不动产登记机构受损失的;

(六)滥用查询结果证明的。

第七章 附 则

第三十一条 有关国家机关查询复制不动产登记资料以及国家机关之间共享不动产登记信息的具体办法另行规定。

第三十二条 《不动产登记暂行条例》实施前已经形成的土地、房屋、森林、林木、海域等登记资料，属于不动产登记资料。不动产登记机构应当依照本办法的规定提供查询。

第三十三条 公民、法人或者其他组织依据《中华人民共和国政府信息公开条例》，以申请政府信息公开的方式申请查询不动产登记资料的，有关自然资源主管部门应当告知其按照本办法的规定申请不动产登记资料查询。

第三十四条 本办法自公布之日起施行。2002年12月4日国土资源部公布的《土地登记资料公开查询办法》（国土资源部令第14号）同时废止。

自然资源统一确权登记暂行办法

（2019年7月11日 自然资发〔2019〕116号）

第一章 总 则

第一条 为贯彻落实党中央、国务院关于生态文明建设决策部署，建立和实施自然资源统一确权登记制度，推进自然资源确权登记法治化，推动建立归属清晰、权责明确、保护严格、流转顺畅、监管有效的自然资源资产产权制度，实现山水林田湖草整体保护、系统修复、综合治理，根据有关法律规定，制定本办法。

第二条 国家实行自然资源统一确权登记制度。

自然资源确权登记坚持资源公有、物权法定和统一确权登记的原则。

第三条 对水流、森林、山岭、草原、荒地、滩涂、海域、无居民海岛以及探明储量的矿产资源等自然资源的所有权和所有自然生态空间统一进行确权登记，适用本办法。

第四条 通过开展自然资源统一确权登记，清晰界定全部国土空间各类自然资源资产的所有权主体，划清全民所有和集体所有之间的边界，划清全民所有、不同层级政府行使所有权的边界，划清不同集体所有者的边界，划清不同类型自然资源之间的边界。

第五条 自然资源统一确权登记以不动产登记为基础，依据《不动产登记暂行条例》的规定办理登记的不动产权利，不再重复登记。

自然资源确权登记涉及调整或限制已登记的不动产权利的，应当符合法律法规规定，依法及时记载于不动产登记簿，并书面通知权利人。

第六条 自然资源主管部门作为承担自然资源统一确权登记工作的机构（以下简称登记机构），按照分级和属地相结合的方式进行登记管辖。

国务院自然资源主管部门负责指导、监督全国自然资源统一确权登记工作，会同省级人民政府负责组织开展由中央政府直接行使所有权的国家公园、自然保护区、自然公园等各类自然保护地以及大江大河大湖和跨境河流、生态功能重要的湿地和草原、国务院确定的重点国有林区、中央政府直接行使所有权的海域、无居民海岛、石油天然气、贵重稀有矿产资源等自然资源和生态空间的统一确权登记工作。具体登记工作由国家登记机构负责办理。

各省负责组织开展本行政区域内由中央委托地方政府代理行使所有权的自然资源和生态空间的统一确权登记工作。具体登记工作由省级及省级以下登记机构负责办理。

市县应按照要求，做好本行政区域范围内自然资源统一确权登记工作。

跨行政区域的自然资源确权登记由共同的上一级登记机构直接办理或者指定登记机构办理。

第七条 自然资源统一确权登记工作经费应纳入各级政府预算，不得向当事人收取登记费等相关费用。

第二章　自然资源登记簿

第八条 自然资源登记簿的样式由国务院自然资源主管部门统

一规定。

已按照《不动产登记暂行条例》办理登记的不动产权利，通过不动产单元号、权利主体实现自然资源登记簿与不动产登记簿的关联。

第九条 自然资源登记簿应当记载以下事项：

（一）自然资源的坐落、空间范围、面积、类型以及数量、质量等自然状况；

（二）自然资源所有权主体、所有权代表行使主体、所有权代理行使主体、行使方式及权利内容等权属状况；

（三）其他相关事项。

自然资源登记簿应当对地表、地上、地下空间范围内各类自然资源进行记载，并关联国土空间规划明确的用途、划定的生态保护红线等管制要求及其他特殊保护规定等信息。

第十条 全民所有自然资源所有权代表行使主体登记为国务院自然资源主管部门，所有权行使方式分为直接行使和代理行使。

中央委托相关部门、地方政府代理行使所有权的，所有权代理行使主体登记为相关部门、地方人民政府。

第十一条 自然资源登记簿附图内容包括自然资源空间范围界线、面积，所有权主体、所有权代表行使主体、所有权代理行使主体，以及已登记的不动产权利界线，不同类型自然资源的边界、面积等信息。

第十二条 自然资源登记簿由具体负责登记的各级登记机构进行管理，永久保存。

自然资源登记簿和附图应当采用电子介质，配备专门的自然资源登记电子存储设施，采取信息网络安全防护措施，保证电子数据安全，并定期进行异地备份。

第三章　自然资源登记单元

第十三条 自然资源统一确权登记以自然资源登记单元为基本

单位。

自然资源登记单元应当由登记机构会同水利、林草、生态环境等部门在自然资源所有权范围的基础上，综合考虑不同自然资源种类和在生态、经济、国防等方面的重要程度以及相对完整的生态功能、集中连片等因素划定。

第十四条 国家批准的国家公园、自然保护区、自然公园等各类自然保护地应当优先作为独立登记单元划定。

登记单元划定以管理或保护审批范围界线为依据。同一区域内存在管理或保护审批范围界线交叉或重叠时，以最大的管理或保护范围界线划定登记单元。范围内存在集体所有自然资源的，应当一并划入登记单元，并在登记簿上对集体所有自然资源的主体、范围、面积等情况予以记载。

第十五条 水流可以单独划定自然资源登记单元。以水流作为独立自然资源登记单元的，依据全国国土调查成果和水资源专项调查成果，以河流、湖泊管理范围为基础，结合堤防、水域岸线划定登记单元。河流的干流、支流，可以分别划定登记单元。

湿地可以单独划定自然资源登记单元。以湿地作为独立自然资源登记单元的，依据全国国土调查成果和湿地专项调查成果，按照自然资源边界划定登记单元。在河流、湖泊、水库等水流范围内的，不再单独划分湿地登记单元。

第十六条 森林、草原、荒地登记单元原则上应当以土地所有权为基础，按照国家土地所有权权属界线封闭的空间划分登记单元，多个独立不相连的国家土地所有权权属界线封闭的空间，应分别划定登记单元。国务院确定的重点国有林区以国家批准的范围界线为依据单独划定自然资源登记单元。

在国家公园、自然保护区、自然公园等各类自然保护地登记单元内的森林、草原、荒地、水流、湿地等不再单独划定登记单元。

第十七条 海域可单独划定自然资源登记单元，范围为我国的内水和领海。以海域作为独立登记单元的，依据沿海县市行政管辖界线，自海岸线起至领海外部界线划定登记单元。无居民海岛按照

"一岛一登"的原则，单独划定自然资源登记单元，进行整岛登记。

海域范围内的自然保护地、湿地、探明储量的矿产资源等，不再单独划定登记单元。

第十八条 探明储量的矿产资源，固体矿产以矿区，油气以油气田划分登记单元。若矿业权整合包含或跨越多个矿区的，以矿业权整合后的区域为一个登记单元。登记单元的边界，以现有的储量登记库及储量统计库导出的矿区范围，储量评审备案文件确定的矿产资源储量估算范围，以及国家出资探明矿产地清理结果认定的矿产地范围在空间上套合确定。登记单元内存在依法审批的探矿权、采矿权的，登记簿关联勘查、采矿许可证相关信息。

在国家公园、自然保护区、自然公园等各类自然保护地登记单元内的矿产资源不再单独划定登记单元，通过分层标注的方式在自然资源登记簿上记载探明储量矿产资源的范围、类型、储量等内容。

第十九条 自然资源登记单元具有唯一编码，编码规则由国家统一制定。

第四章　自然资源登记一般程序

第二十条 自然资源登记类型包括自然资源首次登记、变更登记、注销登记和更正登记。

首次登记是指在一定时间内对登记单元内全部国家所有的自然资源所有权进行的第一次登记。

变更登记是指因自然资源的类型、范围和权属边界等自然资源登记簿内容发生变化进行的登记。

注销登记是指因不可抗力等因素导致自然资源所有权灭失进行的登记。

更正登记是指登记机构对自然资源登记簿的错误记载事项进行更正的登记。

第二十一条 自然资源首次登记程序为通告、权籍调查、审核、公告、登簿。

第二十二条　自然资源首次登记应当由登记机构依职权启动。

登记机构会同水利、林草、生态环境等部门预划登记单元后，由自然资源所在地的县级以上地方人民政府向社会发布首次登记通告。通告的主要内容包括：

（一）自然资源登记单元的预划分；

（二）开展自然资源登记工作的时间；

（三）自然资源类型、范围；

（四）需要自然资源所有权代表行使主体、代理行使主体以及集体土地所有权人等相关主体配合的事项及其他需要通告的内容。

第二十三条　登记机构会同水利、林草、生态环境等部门，充分利用全国国土调查、自然资源专项调查等自然资源调查成果，获取自然资源登记单元内各类自然资源的坐落、空间范围、面积、类型、数量和质量等信息，划清自然资源类型边界。

第二十四条　登记机构会同水利、林草、生态环境等部门应充分利用全国国土调查、自然资源专项调查等自然资源调查成果，以及集体土地所有权确权登记发证、国有土地使用权确权登记发证等不动产登记成果，开展自然资源权籍调查，绘制自然资源权籍图和自然资源登记簿附图，划清全民所有和集体所有的边界以及不同集体所有者的边界；依据分级行使国家所有权体制改革成果，划清全民所有、不同层级政府行使所有权的边界。

自然资源登记单元的重要界址点应现场指界，必要时可设立明显界标。在国土调查、专项调查、权籍调查、土地勘测定界等工作中对重要界址点已经指界确认的，不需要重复指界。对涉及权属争议的，按有关法律法规规定处理。

第二十五条　登记机构依据自然资源权籍调查成果和相关审批文件，结合国土空间规划明确的用途、划定的生态保护红线等管制要求或政策性文件以及不动产登记结果资料等，会同相关部门对登记的内容进行审核。

第二十六条　自然资源登簿前应当由自然资源所在地市县配合

86

具有登记管辖权的登记机构在政府门户网站及指定场所进行公告，涉及国家秘密的除外。公告期不少于 15 个工作日。公告期内，相关当事人对登记事项提出异议的，登记机构应当对提出的异议进行调查核实。

第二十七条 公告期满无异议或者异议不成立的，登记机构应当将登记事项记载于自然资源登记簿，可以向自然资源所有权代表行使主体或者代理行使主体颁发自然资源所有权证书。

第二十八条 登记单元内自然资源类型、面积等自然状况发生变化的，以全国国土调查和自然资源专项调查为依据，依职权开展变更登记。自然资源的登记单元边界、权属边界、权利主体和内容等自然资源登记簿主要内容发生变化的，自然资源所有权代表行使主体或者代理行使主体应当持相关资料及时嘱托登记机构办理变更登记或注销登记。

自然资源登记簿记载事项存在错误的，登记机构可以依照自然资源所有权代表行使主体或者代理行使主体的嘱托办理更正登记，也可以依职权办理更正登记。

第五章 自然资源登记信息管理与应用

第二十九条 自然资源登记资料包括：

（一）自然资源登记簿等登记结果；

（二）自然资源权籍调查成果、权属来源材料、相关公共管制要求、登记机构审核材料等登记原始资料。

自然资源登记资料由具体负责的登记机构管理。各级登记机构应当建立登记资料管理制度及信息安全保密制度，建设符合自然资源登记资料安全保护标准的登记资料存放场所。

第三十条 在国家不动产登记信息管理基础平台上，拓展开发全国统一的自然资源登记信息系统，实现自然资源确权登记信息的统一管理；各级登记机构应当建立标准统一的自然资源确权登记数据库，确保自然资源确权登记信息日常更新。

自然资源确权登记信息纳入不动产登记信息管理基础平台，实现自然资源确权登记信息与不动产登记信息有效衔接和融合。

自然资源确权登记信息应当及时汇交国家不动产登记信息管理基础平台，确保国家、省、市、县四级自然资源确权登记信息的实时共享。

第三十一条　自然资源确权登记结果应当向社会公开，但涉及国家秘密以及《不动产登记暂行条例》规定的不动产登记的相关内容除外。

第三十二条　自然资源确权登记信息与水利、林草、生态环境、财税等相关部门管理信息应当互通共享，服务自然资源资产的有效监管和保护。

第六章　附　　则

第三十三条　军用土地范围内的自然资源暂不纳入确权登记。

第三十四条　本办法由自然资源部负责解释，自印发之日起施行。

附件：自然资源统一确权登记工作方案（略）

在京中央和国家机关不动产登记办法

（2020 年 5 月 22 日　自然资发〔2020〕87 号）

第一条　为规范在京中央和国家机关不动产登记，维护权利人合法权益，加强中央和国家机关国有资产管理，根据《中华人民共和国物权法》《不动产登记暂行条例》《不动产登记暂行条例实施细则》等法律法规和规章，制定本办法。

第二条　本办法所称在京中央和国家机关不动产是指：

（一）中央本级党的机关、人大机关、行政机关、政协机关、监察机关、审判机关、检察机关以及各民主党派、工商联、人民团体和参照公务员法管理的事业单位及所属单位使用的在北京市范围内的国有土地、房屋等不动产；

（二）机关事务分别属于中共中央直属机关事务管理局、国家机关事务管理局、全国人大常委会办公厅机关事务管理局、政协全国委员会办公厅机关事务管理局（上述机构以下简称各管理局）归口管理的中央各企事业单位及所属单位使用的在北京市范围内的国有土地、房屋等不动产，但中央企业及所属单位通过招拍挂等市场运作方式取得土地建设用于出售出租的房地产开发项目除外；

（三）按照国家有关规定应纳入在京中央和国家机关不动产进行管理的其他不动产。

第三条　在京中央和国家机关不动产登记适用本办法和《不动产登记暂行条例》《不动产登记暂行条例实施细则》《不动产登记资料查询暂行办法》等规定。

申请办理在京中央和国家机关不动产登记时，应当同时提交有关管理局出具的不动产登记申请审核意见书。

申请登记的不动产权属资料不齐全的，应当提交有关管理局确认盖章的不动产权属来源说明函；除涉及国家秘密外，办理登记时应当进行公告，公告期不少于 30 日。

在京中央和国家机关各单位使用的国有土地改变土地用途、使用性质或转移土地使用权的，申请办理变更登记、转移登记时，应当提交各管理局出具的载明同意改变土地用途、使用性质或转移权属的不动产登记申请审核意见书。

第四条　自然资源部委托北京市规划和自然资源委员会（以下简称市规划自然资源委）直接办理在京中央和国家机关不动产登记，保管、使用自然资源部制发的"自然资源部不动产登记专用章（1）"，保存、管理在京中央和国家机关不动产登记资料，依法向权利人、利害关系人或有关国家机关提供可以查询、复制的登记资料。

市规划自然资源委依据各管理局对机关事务归口管理单位名录

的年度更新和实时更新结果，为在京中央和国家机关各单位提供不动产登记服务。核发的不动产权证书或登记证明加盖"自然资源部不动产登记专用章（1）"，作出的不予登记决定同时抄送有关管理局。

自然资源部对委托的不动产登记事务依法监督，有权对违反规定的登记行为予以纠正，必要时可以取消委托。

第五条 在京中央和国家机关各单位使用的国有土地发生权属争议的，由当事人协商解决，争议方均为中央和国家机关的，可以由有关管理局先行协调；协商不成的，可以由市规划自然资源委会同有关管理局调解；调解不成的，按照《土地权属争议调查处理办法》有关规定处理。土地权属争议处理的结果作为申请登记的不动产权属来源证明材料。

第六条 根据中共中央办公厅、国务院办公厅印发的《党政机关办公用房管理办法》有关规定，各管理局应当对在京中央和国家机关不动产中纳入权属统一登记的党政机关办公用房提供明细清单，市规划自然资源委按照"清单对账"方式经审核符合登记条件的，权属登记在有关管理局名下，并在不动产登记簿的附记栏注记使用单位。

党政机关办公用房的房屋所有权、土地使用权等不动产权利未经登记，或原产权单位撤销、重组更名的，可以由各管理局单方申请登记。各管理局应当就办公用房权属出具书面意见，并提供使用单位对办公用房范围予以认可的书面意见；原产权单位撤销或重组更名的，各管理局还应当提供机构改革文件、更名文件或机构编制部门的书面意见。

党政机关办公用房的土地使用权、房屋所有权均已登记的，产权单位应当配合申请转移登记。产权单位可以出具授权委托书，委托各管理局持相关申请材料一并申请登记。

第七条 在京中央和国家机关各单位原已取得的国有划拨土地，符合下列情形，且有关管理局出具载明同意继续保留划拨土地性质的不动产登记申请审核意见书的，办理登记时不再要求提供划拨确认相关材料：

（一）土地使用权人和土地用途未改变的；

（二）土地使用权人虽发生变化，但现使用权人仍为在京中央和国家机关，且土地用途仍为非经营性的；

（三）经各管理局批准，调整利用现有存量土地进行非经营性项目建设，且符合划拨用地政策的；

（四）其他按照国家规定可以保留划拨土地性质的。

第八条　在京中央和国家机关各单位使用的国有土地，属于《北京市实施〈土地管理法〉办法》1991年6月1日施行前通过协议调整置换且未改变土地使用性质的，办理登记时以协议确认各方的土地使用权范围为准。

属于多家在京中央和国家机关共用同一宗土地，具备分宗条件且经各使用单位确认的，办理登记时可以按使用单位予以分宗。

属于同一宗土地存在多个用途，具备分宗条件的，办理登记时可以按用途予以分宗。

第九条　自然资源部指导市规划自然资源委会同各管理局建立在京中央和国家机关不动产登记申请审核意见和登记结果信息共享机制，以及研究解决不动产登记历史遗留问题和具体执行问题的工作机制。针对实际情况，可以制定本办法的实施细则。

第十条　本办法自印发之日起施行。

关于不动产登记机构协助监察机关
在涉案财物处理中办理不动产
登记工作的通知

（2019年12月17日　国监办发〔2019〕3号）

各省、自治区、直辖市监委、自然资源主管部门，中央纪委国家监委各派出机构，各中管企业纪检监察机构：

为贯彻落实党中央关于深化国家监察体制改革决策部署，依法规范做好不动产登记机构协助监察机关在涉案财物处理中办理不动产登记工作，根据《中华人民共和国监察法》《中华人民共和国物权法》《中华人民共和国城市房地产管理法》《不动产登记暂行条例》等法律法规，现就有关事项通知如下：

　　一、县级以上监察机关经过调查，对违法取得且已经办理不动产登记或者具备首次登记条件的不动产作出没收、追缴、责令退赔等处理决定后，在执行没收、追缴、责令退赔等决定过程中需要办理不动产转移等登记的，不动产登记机构应当按照监察机关出具的监察文书和协助执行通知书办理。

　　监察机关对不动产作出的处理决定，应当依法告知被调查人以及不动产权利人。

　　不动产登记涉及的税费按照国家有关规定收取。

　　二、监察机关到不动产登记机构办理不动产登记时，应当出具监察文书和协助执行通知书，由两名工作人员持上述文书和本人工作证件办理。根据工作需要，也可以出具委托函，委托财政部门、国有资产管理部门或者其他被授权协助处理涉案财物的单位，由其两名工作人员持本人工作证件、委托函、监察机关出具的监察文书和协助执行通知书办理。

　　三、中央纪委国家监委各派驻（派出）机构以及中管企业纪检监察机构需要不动产登记机构协助办理不动产登记的，应当依法出具监察文书和协助执行通知书，按照本通知第二条规定的程序办理。

　　省级以下监察委员会派驻或者派出的监察机构、监察专员根据授权开展调查、处置工作过程中，需要商请不动产登记机构协助办理不动产登记的，应当依法出具监察文书，由该监察委员会审核并出具协助执行通知书，按照本通知第二条规定的程序办理。

　　四、监察机关需要异地不动产登记机构协助办理不动产登记的，可以直接到异地不动产登记机构办理，也可以出具委托函，委托不动产所在地监察机关办理。具体办理程序按照第二条的规定执行。

　　五、监察机关对不动产进行处理前，应当先行查询不动产权属情况。处理不动产涉及集体土地和划拨土地的，监察机关应当与自然资源管理部门协商后再行处理。

六、相关不动产已被人民法院、人民检察院、公安机关等其他有权机关查封，并由不动产登记机构办理了查封登记的，监察机关在作出处理决定前应当与上述实施查封的有权机关协商。需要注销查封登记的，应当由实施查封的有权机关按照规定程序办理。

七、相关不动产已办理抵押登记的，监察机关应当依法妥善处理，保障抵押权人合法权益。

八、不动产登记机构在协助监察机关办理不动产登记时，不对监察文书和协助执行通知书进行实体审查。不动产登记机构认为监察机关处理的相关不动产信息错误的，应当依法向监察机关提出书面核查建议，监察机关应当进行认真核查，核查期间中止协助事项。经监察机关核查并出具书面函件确认无误后，不动产登记机构应当予以协助办理。

九、公民、法人或者其他组织对不动产登记机构根据监察机关的监察文书等材料办理的不动产登记行为不服的，可以按规定向相关监察机关申诉、控告或者检举。

公民、法人或者其他组织对登记行为不服申请行政复议的，有关复议机构不予受理，但公民、法人或者其他组织认为登记与有关文书内容不一致的除外。

不动产登记机构根据监察机关的监察文书等材料办理不动产登记，是行政机关根据有权机关的协助执行通知书实施的行为，公民、法人或者其他组织对该行为不服提起行政诉讼的，按照《最高人民法院关于审理房屋登记案件若干问题的规定》（法释〔2010〕15号）第二条规定办理。

十、各级监察机关应当与同级自然资源部门建立沟通协调机制，及时研究解决协作配合过程中的问题。

十一、本通知自2020年1月1日起实施。

不动产权证书和登记证明监制办法

（2024 年 5 月 30 日　自然资发〔2024〕98 号）

第一条　为保证不动产权证书和登记证明的印制质量，保护不动产权利人合法权益，保障不动产交易安全，加强印制发行全过程把控，依据《不动产登记暂行条例》和《不动产登记暂行条例实施细则》，制定本办法。

第二条　不动产权证书、不动产登记证明由自然资源部统一监制。监制职责包括：发布不动产权证书和登记证明的统一样式，规定不动产权证书和登记证明的印制标准，实行不动产权证书和登记证明印制情况备案，掌握全国不动产权证书和登记证明印制和发行情况。自然资源部不动产登记中心具体承办不动产权证书和登记证明监制的事务性工作，组织印制和发放国务院确定的国家重点林区、国务院批准项目用海用岛不动产登记所需的不动产权证书和登记证明。

第三条　省级自然资源主管部门要严格依照自然资源部规定的统一样式、印制标准，统一负责本行政区域内不动产权证书和登记证明的印制、发行、管理和质量监督工作，有关权限不得下放到市、县自然资源主管部门。按照有关规定，采取公开招标等符合政府采购规定的方式，确定不动产权证书和登记证明的承印单位；决定本地是否需要印制增加少数民族文字的不动产权证书和登记证明，需要使用少数民族文字的，统一组织翻译、印制和发布，并与全国统一的不动产权证书和登记证明内容保持一致；建立规范的不动产权证书和登记证明作废、销毁及空白证管理机制。

第四条　在开始批量印制不动产权证书和登记证明前，省级自然资源主管部门应当将承印单位的确定方式，承印单位的名称、服务期限、印制单价以及承印单位制作的不动产权证书和登记证明样本，报自然资源部备案。

第五条 省级自然资源主管部门应当加强不动产权证书和登记证明成本核算和印制管理，严格控制印制成本，建立廉政风险防范制度。统一组织承印单位按照印制合同或者任务书确定的不动产权证书和登记证明种类、数量，开展印制工作，保证印制质量，确保具有唯一的印制流水号。

第六条 省级自然资源主管部门应当及时掌握本行政区域内不动产权证书和登记证明的印制数量、印制流水号段和发行情况，并在发行的同时在线报自然资源部汇总统计。

第七条 为应对和防范出现违法违规印制不动产权证书和登记证明的情形，自然资源部开展不动产权证书和登记证明印制流水号的号段发放区域、增加少数民族文字的不动产权证书和登记证明样本的网络查询服务。

第八条 制发不动产登记电子证照参照纸质证书证明监制要求。省级自然资源主管部门要严格依照自然资源部规定的统一样式、标准规范，统一负责本行政区域内不动产登记电子证照制发管理，确保与纸质证书证明内容一致、唯一关联，并将版式文件报自然资源部备案。加强不动产登记电子证照生成、签发、传输、存储、共享应用全过程管理，强化安全保密防控措施，保障电子证照网络和信息安全。

中华人民共和国土地管理法（节录）

（1986 年 6 月 25 日第六届全国人民代表大会常务委员会第十六次会议通过 根据 1988 年 12 月 29 日第七届全国人民代表大会常务委员会第五次会议《关于修改〈中华人民共和国土地管理法〉的决定》第一次修正 1998 年 8 月 29 日第九届全国人民代表大会常务委员会第四次会议修订 根据 2004 年 8 月 28 日第十届全国人民代表大会常务委员会第十一次会议《关于修改〈中华人民共和国土地管理法〉的决定》第二次修正 根据 2019 年 8 月 26 日第十三届全国人民代表大会常务委员会第十二次会议《关于修改〈中华人民共和国土地管理法〉、〈中华人民共和国城市房地产管理法〉的决定》第三次修正）

……

第十二条 土地的所有权和使用权的登记，依照有关不动产登记的法律、行政法规执行。

依法登记的土地的所有权和使用权受法律保护，任何单位和个人不得侵犯。

……

第四十七条 国家征收土地的，依照法定程序批准后，由县级以上地方人民政府予以公告并组织实施。

县级以上地方人民政府拟申请征收土地的，应当开展拟征收土地现状调查和社会稳定风险评估，并将征收范围、土地现状、征收目的、补偿标准、安置方式和社会保障等在拟征收土地所在的乡（镇）和村、村民小组范围内公告至少三十日，听取被征地的农村集体经济组织及其成员、村民委员会和其他利害关系人的意见。

多数被征地的农村集体经济组织成员认为征地补偿安置方案不

符合法律、法规规定的，县级以上地方人民政府应当组织召开听证会，并根据法律、法规的规定和听证会情况修改方案。

拟征收土地的所有权人、使用权人应当在公告规定期限内，持不动产权属证明材料办理补偿登记。县级以上地方人民政府应当组织有关部门测算并落实有关费用，保证足额到位，与拟征收土地的所有权人、使用权人就补偿、安置等签订协议；个别确实难以达成协议的，应当在申请征收土地时如实说明。

相关前期工作完成后，县级以上地方人民政府方可申请征收土地。

……

第六十三条 土地利用总体规划、城乡规划确定为工业、商业等经营性用途，并经依法登记的集体经营性建设用地，土地所有权人可以通过出让、出租等方式交由单位或者个人使用，并应当签订书面合同，载明土地界址、面积、动工期限、使用期限、土地用途、规划条件和双方其他权利义务。

前款规定的集体经营性建设用地出让、出租等，应当经本集体经济组织成员的村民会议三分之二以上成员或者三分之二以上村民代表的同意。

通过出让等方式取得的集体经营性建设用地使用权可以转让、互换、出资、赠与或者抵押，但法律、行政法规另有规定或者土地所有权人、土地使用权人签订的书面合同另有约定的除外。

集体经营性建设用地的出租，集体建设用地使用权的出让及其最高年限、转让、互换、出资、赠与、抵押等，参照同类用途的国有建设用地执行。具体办法由国务院制定。

……

中华人民共和国
农村土地承包法（节录）

（2002 年 8 月 29 日第九届全国人民代表大会常务委员会第二十九次会议通过　根据 2009 年 8 月 27 日第十一届全国人民代表大会常务委员会第十次会议《关于修改部分法律的决定》第一次修正　根据 2018 年 12 月 29 日第十三届全国人民代表大会常务委员会第七次会议《关于修改〈中华人民共和国农村土地承包法〉的决定》第二次修正）

……

第二十四条　国家对耕地、林地和草地等实行统一登记，登记机构应当向承包方颁发土地承包经营权证或者林权证等证书，并登记造册，确认土地承包经营权。

土地承包经营权证或者林权证等证书应当将具有土地承包经营权的全部家庭成员列入。

登记机构除按规定收取证书工本费外，不得收取其他费用。

……

第三十五条　土地承包经营权互换、转让的，当事人可以向登记机构申请登记。未经登记，不得对抗善意第三人。

……

第四十一条　土地经营权流转期限为五年以上的，当事人可以向登记机构申请土地经营权登记。未经登记，不得对抗善意第三人。

……

第四十七条　承包方可以用承包地的土地经营权向金融机构融资担保，并向发包方备案。受让方通过流转取得的土地经营权，经承包方书面同意并向发包方备案，可以向金融机构融资担保。

担保物权自融资担保合同生效时设立。当事人可以向登记机构申请登记；未经登记，不得对抗善意第三人。

实现担保物权时，担保物权人有权就土地经营权优先受偿。

土地经营权融资担保办法由国务院有关部门规定。

……

第五十三条　通过招标、拍卖、公开协商等方式承包农村土地，经依法登记取得权属证书的，可以依法采取出租、入股、抵押或者其他方式流转土地经营权。

……

中华人民共和国
城市房地产管理法（节录）

（1994 年 7 月 5 日第八届全国人民代表大会常务委员会第八次会议通过　根据 2007 年 8 月 30 日第十届全国人民代表大会常务委员会第二十九次会议《关于修改〈中华人民共和国城市房地产管理法〉的决定》第一次修正　根据 2009 年 8 月 27 日第十一届全国人民代表大会常务委员会第十次会议《关于修改部分法律的决定》第二次修正　根据 2019 年 8 月 26 日第十三届全国人民代表大会常务委员会第十二次会议《关于修改〈中华人民共和国土地管理法〉、〈中华人民共和国城市房地产管理法〉的决定》第三次修正）

……

第五章　房地产权属登记管理

第六十条　国家实行土地使用权和房屋所有权登记发证制度。

第六十一条　以出让或者划拨方式取得土地使用权，应当向县级以上地方人民政府土地管理部门申请登记，经县级以上地方人民政府土地管理部门核实，由同级人民政府颁发土地使用权证书。

在依法取得的房地产开发用地上建成房屋的，应当凭土地使用权证书向县级以上地方人民政府房产管理部门申请登记，由县级以上地方人民政府房产管理部门核实并颁发房屋所有权证书。

房地产转让或者变更时，应当向县级以上地方人民政府房产管理部门申请房产变更登记，并凭变更后的房屋所有权证书向同级人民政府土地管理部门申请土地使用权变更登记，经同级人民政府土地管理部门核实，由同级人民政府更换或者更改土地使用权证书。

法律另有规定的，依照有关法律的规定办理。

第六十二条　房地产抵押时，应当向县级以上地方人民政府规定的部门办理抵押登记。

因处分抵押房地产而取得土地使用权和房屋所有权的，应当依照本章规定办理过户登记。

第六十三条　经省、自治区、直辖市人民政府确定，县级以上地方人民政府由一个部门统一负责房产管理和土地管理工作的，可以制作、颁发统一的房地产权证书，依照本法第六十一条的规定，将房屋的所有权和该房屋占用范围内的土地使用权的确认和变更，分别载入房地产权证书。

……

最高人民法院关于适用《中华人民共和国民法典》物权编的解释（一）

（2020 年 12 月 25 日最高人民法院审判委员会第 1825 次会议通过 2020 年 12 月 29 日最高人民法院公告公布 自 2021 年 1 月 1 日起施行 法释〔2020〕24 号）

为正确审理物权纠纷案件，根据《中华人民共和国民法典》等相关法律规定，结合审判实践，制定本解释。

第一条 因不动产物权的归属，以及作为不动产物权登记基础的买卖、赠与、抵押等产生争议，当事人提起民事诉讼的，应当依法受理。当事人已经在行政诉讼中申请一并解决上述民事争议，且人民法院一并审理的除外。

第二条 当事人有证据证明不动产登记簿的记载与真实权利状态不符、其为该不动产物权的真实权利人，请求确认其享有物权的，应予支持。

第三条 异议登记因民法典第二百二十条第二款规定的事由失效后，当事人提起民事诉讼，请求确认物权归属的，应当依法受理。异议登记失效不影响人民法院对案件的实体审理。

第四条 未经预告登记的权利人同意，转让不动产所有权等物权，或者设立建设用地使用权、居住权、地役权、抵押权等其他物权的，应当依照民法典第二百二十一条第一款的规定，认定其不发生物权效力。

第五条 预告登记的买卖不动产物权的协议被认定无效、被撤销，或者预告登记的权利人放弃债权的，应当认定为民法典第二百二十一条第二款所称的"债权消灭"。

第六条　转让人转让船舶、航空器和机动车等所有权，受让人已经支付合理价款并取得占有，虽未经登记，但转让人的债权人主张其为民法典第二百二十五条所称的"善意第三人"的，不予支持，法律另有规定的除外。

　　第七条　人民法院、仲裁机构在分割共有不动产或者动产等案件中作出并依法生效的改变原有物权关系的判决书、裁决书、调解书，以及人民法院在执行程序中作出的拍卖成交裁定书、变卖成交裁定书、以物抵债裁定书，应当认定为民法典第二百二十九条所称导致物权设立、变更、转让或者消灭的人民法院、仲裁机构的法律文书。

　　第八条　依据民法典第二百二十九条至第二百三十一条规定享有物权，但尚未完成动产交付或者不动产登记的权利人，依据民法典第二百三十五条至第二百三十八条的规定，请求保护其物权的，应予支持。

　　第九条　共有份额的权利主体因继承、遗赠等原因发生变化时，其他按份共有人主张优先购买的，不予支持，但按份共有人之间另有约定的除外。

　　第十条　民法典第三百零五条所称的"同等条件"，应当综合共有份额的转让价格、价款履行方式及期限等因素确定。

　　第十一条　优先购买权的行使期间，按份共有人之间有约定的，按照约定处理；没有约定或者约定不明的，按照下列情形确定：

　　（一）转让人向其他按份共有人发出的包含同等条件内容的通知中载明行使期间的，以该期间为准；

　　（二）通知中未载明行使期间，或者载明的期间短于通知送达之日起十五日的，为十五日；

　　（三）转让人未通知的，为其他按份共有人知道或者应当知道最终确定的同等条件之日起十五日；

　　（四）转让人未通知，且无法确定其他按份共有人知道或者应当知道最终确定的同等条件的，为共有份额权属转移之日起六个月。

　　第十二条　按份共有人向共有人之外的人转让其份额，其他按份共有人根据法律、司法解释规定，请求按照同等条件优先购买该共有份额的，应予支持。其他按份共有人的请求具有下列情形之一的，不予支持：

（一）未在本解释第十一条规定的期间内主张优先购买，或者虽主张优先购买，但提出减少转让价款、增加转让人负担等实质性变更要求；

（二）以其优先购买权受到侵害为由，仅请求撤销共有份额转让合同或者认定该合同无效。

第十三条 按份共有人之间转让共有份额，其他按份共有人主张依据民法典第三百零五条规定优先购买的，不予支持，但按份共有人之间另有约定的除外。

第十四条 受让人受让不动产或者动产时，不知道转让人无处分权，且无重大过失的，应当认定受让人为善意。

真实权利人主张受让人不构成善意的，应当承担举证证明责任。

第十五条 具有下列情形之一的，应当认定不动产受让人知道转让人无处分权：

（一）登记簿上存在有效的异议登记；

（二）预告登记有效期内，未经预告登记的权利人同意；

（三）登记簿上已经记载司法机关或者行政机关依法裁定、决定查封或者以其他形式限制不动产权利的有关事项；

（四）受让人知道登记簿上记载的权利主体错误；

（五）受让人知道他人已经依法享有不动产物权。

真实权利人有证据证明不动产受让人应当知道转让人无处分权的，应当认定受让人具有重大过失。

第十六条 受让人受让动产时，交易的对象、场所或者时机等不符合交易习惯的，应当认定受让人具有重大过失。

第十七条 民法典第三百一十一条第一款第一项所称的"受让人受让该不动产或者动产时"，是指依法完成不动产物权转移登记或者动产交付之时。

当事人以民法典第二百二十六条规定的方式交付动产的，转让动产民事法律行为生效时为动产交付之时；当事人以民法典第二百二十七条规定的方式交付动产的，转让人与受让人之间有关转让返还原物请求权的协议生效时为动产交付之时。

法律对不动产、动产物权的设立另有规定的，应当按照法律规定的时间认定权利人是否为善意。

第十八条 民法典第三百一十一条第一款第二项所称"合理的价格"，应当根据转让标的物的性质、数量以及付款方式等具体情况，参考转让时交易地市场价格以及交易习惯等因素综合认定。

第十九条 转让人将民法典第二百二十五条规定的船舶、航空器和机动车等交付给受让人的，应当认定符合民法典第三百一十一条第一款第三项规定的善意取得的条件。

第二十条 具有下列情形之一，受让人主张依据民法典第三百一十一条规定取得所有权的，不予支持：

（一）转让合同被认定无效；

（二）转让合同被撤销。

第二十一条 本解释自 2021 年 1 月 1 日起施行。

最高人民法院关于适用
《中华人民共和国民法典》
有关担保制度的解释（节录）

（2020 年 12 月 25 日最高人民法院审判委员会第 1824 次会议通过　2020 年 12 月 31 日最高人民法院公告公布 自 2021 年 1 月 1 日起施行　法释〔2020〕28 号）

为正确适用《中华人民共和国民法典》有关担保制度的规定，结合民事审判实践，制定本解释。

一、关于一般规定

第一条 因抵押、质押、留置、保证等担保发生的纠纷，适用本解释。所有权保留买卖、融资租赁、保理等涉及担保功能发生的纠纷，适用本解释的有关规定。

第二条 当事人在担保合同中约定担保合同的效力独立于主合同，或者约定担保人对主合同无效的法律后果承担担保责任，该有关担保独立性的约定无效。主合同有效的，有关担保独立性的约定无效不影响担保合同的效力；主合同无效的，人民法院应当认定担保合同无效，但是法律另有规定的除外。

因金融机构开立的独立保函发生的纠纷，适用《最高人民法院关于审理独立保函纠纷案件若干问题的规定》。

第三条 当事人对担保责任的承担约定专门的违约责任，或者约定的担保责任范围超出债务人应当承担的责任范围，担保人主张仅在债务人应当承担的责任范围内承担责任的，人民法院应予支持。

担保人承担的责任超出债务人应当承担的责任范围，担保人向债务人追偿，债务人主张仅在其应当承担的责任范围内承担责任的，人民法院应予支持；担保人请求债权人返还超出部分的，人民法院依法予以支持。

第四条 有下列情形之一，当事人将担保物权登记在他人名下，债务人不履行到期债务或者发生当事人约定的实现担保物权的情形，债权人或者其受托人主张就该财产优先受偿的，人民法院依法予以支持：

（一）为债券持有人提供的担保物权登记在债券受托管理人名下；

（二）为委托贷款人提供的担保物权登记在受托人名下；

（三）担保人知道债权人与他人之间存在委托关系的其他情形。

第五条 机关法人提供担保的，人民法院应当认定担保合同无效，但是经国务院批准为使用外国政府或者国际经济组织贷款进行转贷的除外。

居民委员会、村民委员会提供担保的，人民法院应当认定担保合同无效，但是依法代行村集体经济组织职能的村民委员会，依照村民委员会组织法规定的讨论决定程序对外提供担保的除外。

第六条 以公益为目的的非营利性学校、幼儿园、医疗机构、养老机构等提供担保的，人民法院应当认定担保合同无效，但是有下列情形之一的除外：

（一）在购入或者以融资租赁方式承租教育设施、医疗卫生设施、养老服务设施和其他公益设施时，出卖人、出租人为担保价款或者租金实现而在该公益设施上保留所有权；

（二）以教育设施、医疗卫生设施、养老服务设施和其他公益设施以外的不动产、动产或者财产权利设立担保物权。

登记为营利法人的学校、幼儿园、医疗机构、养老机构等提供担保，当事人以其不具有担保资格为由主张担保合同无效的，人民法院不予支持。

第七条 公司的法定代表人违反公司法关于公司对外担保决议程序的规定，超越权限代表公司与相对人订立担保合同，人民法院应当依照民法典第六十一条和第五百零四条等规定处理：

（一）相对人善意的，担保合同对公司发生效力；相对人请求公司承担担保责任的，人民法院应予支持。

（二）相对人非善意的，担保合同对公司不发生效力；相对人请求公司承担赔偿责任的，参照适用本解释第十七条的有关规定。

法定代表人超越权限提供担保造成公司损失，公司请求法定代表人承担赔偿责任的，人民法院应予支持。

第一款所称善意，是指相对人在订立担保合同时不知道且不应当知道法定代表人超越权限。相对人有证据证明已对公司决议进行了合理审查，人民法院应当认定其构成善意，但是公司有证据证明相对人知道或者应当知道决议系伪造、变造的除外。

第八条 有下列情形之一，公司以其未依照公司法关于公司对外担保的规定作出决议为由主张不承担担保责任的，人民法院不予支持：

（一）金融机构开立保函或者担保公司提供担保；

（二）公司为其全资子公司开展经营活动提供担保；

（三）担保合同系由单独或者共同持有公司三分之二以上对担保事项有表决权的股东签字同意。

上市公司对外提供担保，不适用前款第二项、第三项的规定。

第九条 相对人根据上市公司公开披露的关于担保事项已经董事会或者股东大会决议通过的信息，与上市公司订立担保合同，相对人主张担保合同对上市公司发生效力，并由上市公司承担担保责任的，人民法院应予支持。

相对人未根据上市公司公开披露的关于担保事项已经董事会或者股东大会决议通过的信息，与上市公司订立担保合同，上市公司主张担保合同对其不发生效力，且不承担担保责任或者赔偿责任的，人民法院应予支持。

相对人与上市公司已公开披露的控股子公司订立的担保合同，或者相对人与股票在国务院批准的其他全国性证券交易场所交易的公司订立的担保合同，适用前两款规定。

第十条 一人有限责任公司为其股东提供担保，公司以违反公司法关于公司对外担保决议程序的规定为由主张不承担担保责任的，人民法院不予支持。公司因承担担保责任导致无法清偿其他债务，提供担保时的股东不能证明公司财产独立于自己的财产，其他债权人请求该股东承担连带责任的，人民法院应予支持。

第十一条 公司的分支机构未经公司股东（大）会或者董事会决议以自己的名义对外提供担保，相对人请求公司或者其分支机构承担担保责任的，人民法院不予支持，但是相对人不知道且不应当知道分支机构对外提供担保未经公司决议程序的除外。

金融机构的分支机构在其营业执照记载的经营范围内开立保函，或者经有权从事担保业务的上级机构授权开立保函，金融机构或者其分支机构以违反公司法关于公司对外担保决议程序的规定为由主张不承担担保责任的，人民法院不予支持。金融机构的分支机构未经金融机构授权提供保函之外的担保，金融机构或者其分支机构主张不承担担保责任的，人民法院应予支持，但是相对人不知道且不应当知道分支机构对外提供担保未经金融机构授权的除外。

担保公司的分支机构未经担保公司授权对外提供担保，担保公司或者其分支机构主张不承担担保责任的，人民法院应予支持，但是相对人不知道且不应当知道分支机构对外提供担保未经担保公司授权的除外。

公司的分支机构对外提供担保，相对人非善意，请求公司承担赔偿责任的，参照本解释第十七条的有关规定处理。

第十二条 法定代表人依照民法典第五百五十二条的规定以公司名义加入债务的，人民法院在认定该行为的效力时，可以参照本解释关于公司为他人提供担保的有关规则处理。

第十三条 同一债务有两个以上第三人提供担保，担保人之间约定相互追偿及分担份额，承担了担保责任的担保人请求其他担保人按照约定分担份额的，人民法院应予支持；担保人之间约定承担连带共同担保，或者约定相互追偿但是未约定分担份额的，各担保人按照比例分担向债务人不能追偿的部分。

同一债务有两个以上第三人提供担保，担保人之间未对相互追偿作出约定且未约定承担连带共同担保，但是各担保人在同一份合同书上签字、盖章或者按指印，承担了担保责任的担保人请求其他担保人按照比例分担向债务人不能追偿部分的，人民法院应予支持。

除前两款规定的情形外，承担了担保责任的担保人请求其他担保人分担向债务人不能追偿部分的，人民法院不予支持。

第十四条 同一债务有两个以上第三人提供担保，担保人受让债权的，人民法院应当认定该行为系承担担保责任。受让债权的担保人作为债权人请求其他担保人承担担保责任的，人民法院不予支持；该担保人请求其他担保人分担相应份额的，依照本解释第十三条的规定处理。

第十五条 最高额担保中的最高债权额，是指包括主债权及其利息、违约金、损害赔偿金、保管担保财产的费用、实现债权或者实现担保物权的费用等在内的全部债权，但是当事人另有约定的除外。

登记的最高债权额与当事人约定的最高债权额不一致的，人民法院应当依据登记的最高债权额确定债权人优先受偿的范围。

第十六条 主合同当事人协议以新贷偿还旧贷，债权人请求旧贷的担保人承担担保责任的，人民法院不予支持；债权人请求新贷的担保人承担担保责任的，按照下列情形处理：

（一）新贷与旧贷的担保人相同的，人民法院应予支持；

（二）新贷与旧贷的担保人不同，或者旧贷无担保新贷有担保的，人民法院不予支持，但是债权人有证据证明新贷的担保人提供担保时对以新贷偿还旧贷的事实知道或者应当知道的除外。

主合同当事人协议以新贷偿还旧贷，旧贷的物的担保人在登记尚未注销的情形下同意继续为新贷提供担保，在订立新的贷款合同前又以该担保财产为其他债权人设立担保物权，其他债权人主张其担保物权顺位优先于新贷债权人的，人民法院不予支持。

第十七条 主合同有效而第三人提供的担保合同无效，人民法院应当区分不同情形确定担保人的赔偿责任：

（一）债权人与担保人均有过错的，担保人承担的赔偿责任不应超过债务人不能清偿部分的二分之一；

（二）担保人有过错而债权人无过错的，担保人对债务人不能清偿的部分承担赔偿责任；

（三）债权人有过错而担保人无过错的，担保人不承担赔偿责任。

主合同无效导致第三人提供的担保合同无效，担保人无过错的，不承担赔偿责任；担保人有过错的，其承担的赔偿责任不应超过债务人不能清偿部分的三分之一。

第十八条 承担了担保责任或者赔偿责任的担保人，在其承担责任的范围内向债务人追偿的，人民法院应予支持。

同一债权既有债务人自己提供的物的担保，又有第三人提供的担保，承担了担保责任或者赔偿责任的第三人，主张行使债权人对债务人享有的担保物权的，人民法院应予支持。

第十九条　担保合同无效，承担了赔偿责任的担保人按照反担保合同的约定，在其承担赔偿责任的范围内请求反担保人承担担保责任的，人民法院应予支持。

反担保合同无效的，依照本解释第十七条的有关规定处理。当事人仅以担保合同无效为由主张反担保合同无效的，人民法院不予支持。

第二十条　人民法院在审理第三人提供的物的担保纠纷案件时，可以适用民法典第六百九十五条第一款、第六百九十六条第一款、第六百九十七条第二款、第六百九十九条、第七百条、第七百零一条、第七百零二条等关于保证合同的规定。

第二十一条　主合同或者担保合同约定了仲裁条款的，人民法院对约定仲裁条款的合同当事人之间的纠纷无管辖权。

债权人一并起诉债务人和担保人的，应当根据主合同确定管辖法院。

债权人依法可以单独起诉担保人且仅起诉担保人的，应当根据担保合同确定管辖法院。

第二十二条　人民法院受理债务人破产案件后，债权人请求担保人承担担保责任，担保人主张担保债务自人民法院受理破产申请之日起停止计息的，人民法院对担保人的主张应予支持。

第二十三条　人民法院受理债务人破产案件，债权人在破产程序中申报债权后又向人民法院提起诉讼，请求担保人承担担保责任的，人民法院依法予以支持。

担保人清偿债权人的全部债权后，可以代替债权人在破产程序中受偿；在债权人的债权未获全部清偿前，担保人不得代替债权人在破产程序中受偿，但是有权就债权人通过破产分配和实现担保债权等方式获得清偿总额中超出债权的部分，在其承担担保责任的范围内请求债权人返还。

债权人在债务人破产程序中未获全部清偿，请求担保人继续承担担保责任的，人民法院应予支持；担保人承担担保责任后，向和解协议或者重整计划执行完毕后的债务人追偿的，人民法院不予支持。

第二十四条 债权人知道或者应当知道债务人破产，既未申报债权也未通知担保人，致使担保人不能预先行使追偿权的，担保人就该债权在破产程序中可能受偿的范围内免除担保责任，但是担保人因自身过错未行使追偿权的除外。

……

三、关于担保物权

（一）担保合同与担保物权的效力

第三十七条 当事人以所有权、使用权不明或者有争议的财产抵押，经审查构成无权处分的，人民法院应当依照民法典第三百一十一条的规定处理。

当事人以依法被查封或者扣押的财产抵押，抵押权人请求行使抵押权，经审查查封或者扣押措施已经解除的，人民法院应予支持。抵押人以抵押权设立时财产被查封或者扣押为由主张抵押合同无效的，人民法院不予支持。

以依法被监管的财产抵押的，适用前款规定。

第三十八条 主债权未受全部清偿，担保物权人主张就担保财产的全部行使担保物权的，人民法院应予支持，但是留置权人行使留置权的，应当依照民法典第四百五十条的规定处理。

担保财产被分割或者部分转让，担保物权人主张就分割或者转让后的担保财产行使担保物权的，人民法院应予支持，但是法律或者司法解释另有规定的除外。

第三十九条 主债权被分割或者部分转让，各债权人主张就其享有的债权份额行使担保物权的，人民法院应予支持，但是法律另有规定或者当事人另有约定的除外。

主债务被分割或者部分转移，债务人自己提供物的担保，债权人请求以该担保财产担保全部债务履行的，人民法院应予支持；第三人提供物的担保，主张对未经其书面同意转移的债务不再承担担保责任的，人民法院应予支持。

第四十条　从物产生于抵押权依法设立前，抵押权人主张抵押权的效力及于从物的，人民法院应予支持，但是当事人另有约定的除外。

从物产生于抵押权依法设立后，抵押权人主张抵押权的效力及于从物的，人民法院不予支持，但是在抵押权实现时可以一并处分。

第四十一条　抵押权依法设立后，抵押财产被添附，添附物归第三人所有，抵押权人主张抵押权效力及于补偿金的，人民法院应予支持。

抵押权依法设立后，抵押财产被添附，抵押人对添附物享有所有权，抵押权人主张抵押权的效力及于添附物的，人民法院应予支持，但是添附导致抵押财产价值增加的，抵押权的效力不及于增加的价值部分。

抵押权依法设立后，抵押人与第三人因添附成为添附物的共有人，抵押权人主张抵押权的效力及于抵押人对共有物享有的份额的，人民法院应予支持。

本条所称添附，包括附合、混合与加工。

第四十二条　抵押权依法设立后，抵押财产毁损、灭失或者被征收等，抵押权人请求按照原抵押权的顺位就保险金、赔偿金或者补偿金等优先受偿的，人民法院应予支持。

给付义务人已经向抵押人给付了保险金、赔偿金或者补偿金，抵押权人请求给付义务人向其给付保险金、赔偿金或者补偿金的，人民法院不予支持，但是给付义务人接到抵押权人要求向其给付的通知后仍然向抵押人给付的除外。

抵押权人请求给付义务人向其给付保险金、赔偿金或者补偿金的，人民法院可以通知抵押人作为第三人参加诉讼。

第四十三条　当事人约定禁止或者限制转让抵押财产但是未将约定登记，抵押人违反约定转让抵押财产，抵押权人请求确认转让合同无效的，人民法院不予支持；抵押财产已经交付或者登记，抵押权人请求确认转让不发生物权效力的，人民法院不予支持，但是抵押权人有证据证明受让人知道的除外；抵押权人请求抵押人承担违约责任的，人民法院依法予以支持。

当事人约定禁止或者限制转让抵押财产且已经将约定登记，抵押人违反约定转让抵押财产，抵押权人请求确认转让合同无效的，人民法院不予支持；抵押财产已经交付或者登记，抵押权人主张转让不发生物权效力的，人民法院应予支持，但是因受让人代替债务人清偿债务导致抵押权消灭的除外。

第四十四条　主债权诉讼时效期间届满后，抵押权人主张行使抵押权的，人民法院不予支持；抵押人以主债权诉讼时效期间届满为由，主张不承担担保责任的，人民法院应予支持。主债权诉讼时效期间届满前，债权人仅对债务人提起诉讼，经人民法院判决或者调解后未在民事诉讼法规定的申请执行时效期间内对债务人申请强制执行，其向抵押人主张行使抵押权的，人民法院不予支持。

主债权诉讼时效期间届满后，财产被留置的债务人或者对留置财产享有所有权的第三人请求债权人返还留置财产的，人民法院不予支持；债务人或者第三人请求拍卖、变卖留置财产并以所得价款清偿债务的，人民法院应予支持。

主债权诉讼时效期间届满的法律后果，以登记作为公示方式的权利质权，参照适用第一款的规定；动产质权、以交付权利凭证作为公示方式的权利质权，参照适用第二款的规定。

第四十五条　当事人约定当债务人不履行到期债务或者发生当事人约定的实现担保物权的情形，担保物权人有权将担保财产自行拍卖、变卖并就所得的价款优先受偿的，该约定有效。因担保人的原因导致担保物权人无法自行对担保财产进行拍卖、变卖，担保物权人请求担保人承担因此增加的费用的，人民法院应予支持。

当事人依照民事诉讼法有关"实现担保物权案件"的规定，申请拍卖、变卖担保财产，被申请人以担保合同约定仲裁条款为由主张驳回申请的，人民法院经审查后，应当按照以下情形分别处理：

（一）当事人对担保物权无实质性争议且实现担保物权条件已经成就的，应当裁定准许拍卖、变卖担保财产；

（二）当事人对实现担保物权有部分实质性争议的，可以就无争议的部分裁定准许拍卖、变卖担保财产，并告知可以就有争议的部分申请仲裁；

（三）当事人对实现担保物权有实质性争议的，裁定驳回申请，并告知可以向仲裁机构申请仲裁。

债权人以诉讼方式行使担保物权的，应当以债务人和担保人作为共同被告。

（二）不动产抵押

第四十六条 不动产抵押合同生效后未办理抵押登记手续，债权人请求抵押人办理抵押登记手续的，人民法院应予支持。

抵押财产因不可归责于抵押人自身的原因灭失或者被征收等导致不能办理抵押登记，债权人请求抵押人在约定的担保范围内承担责任的，人民法院不予支持；但是抵押人已经获得保险金、赔偿金或者补偿金等，债权人请求抵押人在其所获金额范围内承担赔偿责任的，人民法院依法予以支持。

因抵押人转让抵押财产或者其他可归责于抵押人自身的原因导致不能办理抵押登记，债权人请求抵押人在约定的担保范围内承担责任的，人民法院依法予以支持，但是不得超过抵押权能够设立时抵押人应当承担的责任范围。

第四十七条 不动产登记簿就抵押财产、被担保的债权范围等所作的记载与抵押合同约定不一致的，人民法院应当根据登记簿的记载确定抵押财产、被担保的债权范围等事项。

第四十八条 当事人申请办理抵押登记手续时，因登记机构的过错致使其不能办理抵押登记，当事人请求登记机构承担赔偿责任的，人民法院依法予以支持。

第四十九条 以违法的建筑物抵押的，抵押合同无效，但是一审法庭辩论终结前已经办理合法手续的除外。抵押合同无效的法律后果，依照本解释第十七条的有关规定处理。

当事人以建设用地使用权依法设立抵押，抵押人以土地上存在违法的建筑物为由主张抵押合同无效的，人民法院不予支持。

第五十条 抵押人以划拨建设用地上的建筑物抵押，当事人以该建设用地使用权不能抵押或者未办理批准手续为由主张抵押合同无效或者不生效的，人民法院不予支持。抵押权依法实现时，拍卖、变卖建筑物所得的价款，应当优先用于补缴建设用地使用权出让金。

当事人以划拨方式取得的建设用地使用权抵押，抵押人以未办理批准手续为由主张抵押合同无效或者不生效的，人民法院不予支持。已经依法办理抵押登记，抵押权人主张行使抵押权的，人民法院应予支持。抵押权依法实现时所得的价款，参照前款有关规定处理。

第五十一条 当事人仅以建设用地使用权抵押，债权人主张抵押权的效力及于土地上已有的建筑物以及正在建造的建筑物已完成部分的，人民法院应予支持。债权人主张抵押权的效力及于正在建造的建筑物的续建部分以及新增建筑物的，人民法院不予支持。

当事人以正在建造的建筑物抵押，抵押权的效力范围限于已办理抵押登记的部分。当事人按照担保合同的约定，主张抵押权的效力及于续建部分、新增建筑物以及规划中尚未建造的建筑物的，人民法院不予支持。

抵押人将建设用地使用权、土地上的建筑物或者正在建造的建筑物分别抵押给不同债权人的，人民法院应当根据抵押登记的时间先后确定清偿顺序。

第五十二条 当事人办理抵押预告登记后，预告登记权利人请求就抵押财产优先受偿，经审查存在尚未办理建筑物所有权首次登记、预告登记的财产与办理建筑物所有权首次登记时的财产不一致、抵押预告登记已经失效等情形，导致不具备办理抵押登记条件的，人民法院不予支持；经审查已经办理建筑物所有权首次登记，且不存在预告登记失效等情形的，人民法院应予支持，并应当认定抵押权自预告登记之日起设立。

当事人办理了抵押预告登记，抵押人破产，经审查抵押财产属于破产财产，预告登记权利人主张就抵押财产优先受偿的，人民法院应当在受理破产申请时抵押财产的价值范围内予以支持，但是在人民法院受理破产申请前一年内，债务人对没有财产担保的债务设立抵押预告登记的除外。

......

最高人民法院关于正确确定县级以上地方人民政府行政诉讼被告资格若干问题的规定（节录）

（2021 年 2 月 22 日最高人民法院审判委员会第 1832 次会议通过 2021 年 3 月 25 日最高人民法院公告公布 自 2021 年 4 月 1 日起施行 法释〔2021〕5 号）

......

第五条 县级以上地方人民政府确定的不动产登记机构或者其他实际履行该职责的职能部门按照《不动产登记暂行条例》的规定办理不动产登记，公民、法人或者其他组织不服提起诉讼的，以不动产登记机构或者实际履行该职责的职能部门为被告。

公民、法人或者其他组织对《不动产登记暂行条例》实施之前由县级以上地方人民政府作出的不动产登记行为不服提起诉讼的，以继续行使其职权的不动产登记机构或者实际履行该职责的职能部门为被告。

......

土地承包经营权和土地经营权
登记操作规范（试行）

（2022 年 11 月 8 日　自然资发〔2022〕198 号）

一、土地承包经营权登记

（一）首次登记

1. 适用

依法以家庭承包方式承包农民集体所有或者国家所有依法由农民集体使用的耕地、水域、滩涂等农村土地从事种植业、畜牧业、渔业等农业生产的，可申请土地承包经营权首次登记。

2. 申请主体

以家庭承包方式取得的土地承包经营权首次登记，应由发包方申请。

3. 申请材料

申请土地承包经营权首次登记的材料包括：

（1）不动产登记申请书；

（2）申请人身份证明；

（3）土地承包经营权合同（土地承包合同）；

（4）地籍调查表、宗地图、宗地界址点坐标等地籍调查成果。

4. 审查要点

不动产登记机构在审核过程中应注意以下要点：

（1）土地承包经营权合同（土地承包合同）等土地权属来源材料是否齐全、有效；

（2）申请人、承包方与土地权属来源材料记载的主体是否一致；

（3）地籍调查成果资料是否齐全、规范，地籍调查表记载的权利人、权利类型及其性质等是否准确，宗地图、界址坐标、面积是否符合要求；

(4)《不动产登记操作规范（试行）》等要求的其他审查事项。

不存在《不动产登记操作规范（试行）》等规定不予登记情形的，将登记事项记载于不动产登记簿后，向承包方核发封皮标注"土地承包经营权"字样的不动产权证书。

(二) 变更登记

1. 适用

已经登记的土地承包经营权，因下列情形之一发生变更的，当事人可申请土地承包经营权变更登记：

(1) 承包方代表姓名或者身份证号码、家庭成员情况发生变化的；

(2) 承包土地的地块名称、坐落、界址、面积等发生变化的；

(3) 承包期限届满，承包方按照国家有关规定继续承包的；

(4) 同一权利人分割或者合并承包土地的；

(5) 法律、行政法规规定的其他情形。

2. 申请主体

土地承包经营权变更登记应由不动产登记簿上记载的权利人申请。

3. 申请材料

申请土地承包经营权变更登记的材料包括：

(1) 不动产登记申请书，申请人身份证明，不动产权属证书；

(2) 承包方代表姓名或者身份证号码、家庭成员情况发生变化的，提交能够证实发生变化的材料；承包方代表姓名或者身份证号码发生变化的，还应当提交变更后的土地承包经营权合同（土地承包合同）；

(3) 承包土地的地块名称、坐落、界址、面积等发生变化的，提交变更后的土地承包经营权合同（土地承包合同）；涉及界址范围、面积变化的，还应当提交变更后的地籍调查表、宗地图、宗地界址点坐标等地籍调查成果；

(4) 承包期限届满后延包的，提交延包后的土地承包经营权合同（土地承包合同）；

(5) 同一权利人分割或者合并承包土地的，提交变更后的土地承包经营权合同（土地承包合同），以及变更后的地籍调查表、宗地图、宗地界址点坐标等地籍调查成果。

4. 审查要点

不动产登记机构在审核过程中应注意以下要点：

（1）申请变更登记的土地承包经营权是否已经登记；

（2）申请土地承包经营权的变更材料是否齐全、有效；

（3）申请变更事项是否与变更材料记载的变更事实一致；

（4）申请登记事项与不动产登记簿的记载是否冲突；

（5）《不动产登记操作规范（试行）》等要求的其他审查事项。

不存在《不动产登记操作规范（试行）》等规定不予登记情形的，将登记事项记载于不动产登记簿后，向承包方核发封皮标注"土地承包经营权"字样的不动产权证书。对于延包中因土地承包合同期限变化直接顺延的，由发包方统一组织承包方申请变更登记，登记机构依据延包合同在登记簿上做相应变更，在原农村土地承包经营权证书上标注记载，加盖不动产登记专用章。家庭成员情况发生变化的，登记机构在不动产登记簿和不动产权属证书"承包方家庭成员情况"的"备注"栏中说明。

（三）转移登记

1. 适用

已经登记的土地承包经营权，因下列情形之一导致权利发生转移的，当事人可申请土地承包经营权转移登记：

（1）集体经济组织内部互换、转让；

（2）因人民法院、仲裁机构的生效法律文书导致权利发生转移的；

（3）因家庭关系、婚姻关系等变化导致土地承包经营权发生转移的；

（4）法律、行政法规规定的其他情形。

2. 申请主体

土地承包经营权转移登记应由双方当事人共同申请。符合《不动产登记暂行条例》《不动产登记操作规范（试行）》等规定情形的，可单方申请。

3. 申请材料

土地承包经营权转移登记的材料包括：

（1）不动产登记申请书，申请人身份证明，不动产权属证书；

（2）互换的，提交互换协议，以及变更后的土地承包经营权合同（土地承包合同）；

（3）转让的，提交转让协议，以及受让方同发包方新签订的土地承包经营权合同（土地承包合同）；

（4）因人民法院、仲裁机构的生效法律文书导致权利发生转移的，提交人民法院、仲裁机构的生效法律文书；

（5）因家庭关系、婚姻关系等变化导致土地承包经营权发生转移的，提交能够证实家庭关系、婚姻关系等发生变化的材料以及变更后的土地承包经营权合同（土地承包合同）；涉及分割或者合并的，还应当提交变更后的地籍调查表、宗地图、宗地界址点坐标等地籍调查成果。

4. 审查要点

不动产登记机构在审核过程中应注意以下要点：

（1）申请转移登记的土地承包经营权是否已经登记；

（2）申请转移登记的材料是否齐全、有效；

（3）申请转移的土地承包经营权与登记原因文件的记载是否一致；

（4）申请登记事项与登记簿的记载是否冲突；

（5）《不动产登记操作规范（试行）》等要求的其他审查事项。

不存在《不动产登记操作规范（试行）》等规定不予登记情形的，将登记事项记载于不动产登记簿后，向承包方核发封皮标注"土地承包经营权"字样的不动产权证书。

（四）注销登记

1. 适用

已经登记的土地承包经营权，有下列情形之一的，当事人可申请土地承包经营权注销登记：

（1）承包经营的土地灭失的；

（2）承包经营的土地被依法征收或者转为建设用地的；

（3）发包方依法收回或者承包方依法、自愿交回的；

（4）承包方放弃土地承包经营权的；

（5）农村承包经营户（承包方）消亡的；

（6）因人民法院、仲裁机构的生效法律文书导致权利消灭的；

（7）法律、行政法规规定的其他情形。

2. 申请主体

土地承包经营权注销登记应由不动产登记簿记载的权利人申请。承包经营的土地灭失、农村承包经营户（承包方）消亡的，可由发包方申请。承包经营的土地被依法征收、人民法院或者仲裁机构的生效法律文书导致权利消灭的，可依嘱托或由发包方申请。

3. 申请材料

申请土地承包经营权注销登记的材料包括：

（1）不动产登记申请书，申请人身份证明，不动产权属证书；

（2）承包经营的土地灭失的，提交证实灭失的材料；

（3）承包经营的土地被依法征收的，提交有批准权的人民政府征收决定书；承包经营的土地被依法转为建设用地的，提交证实土地被依法转为建设用地的材料；

（4）发包方依法收回或者承包方依法、自愿交回的，提交相关材料；

（5）承包方放弃土地承包经营权的，提交承包方放弃土地承包经营权的书面材料。设有地役权、土地经营权、土地经营权上设有抵押权或者已经办理查封登记的，需提交地役权人、土地经营权人、抵押权人或者查封机关同意注销的书面材料；

（6）农村承包经营户（承包方）消亡的，提交农村承包经营户（承包方）消亡的材料；

（7）因人民法院或者仲裁机构生效法律文书等导致土地承包经营权消灭的，提交人民法院或者仲裁机构生效法律文书。

4. 审查要点

不动产登记机构在审核过程中应注意以下要点：

（1）申请注销登记的土地承包经营权是否已经登记；

（2）申请土地承包经营权的注销材料是否齐全、有效；

（3）承包方放弃土地承包经营权申请注销登记的，该土地是否存在查封或者设有地役权、土地经营权等权利，存在土地经营权的是否设有抵押权；存在查封或者设有地役权、土地经营权、抵押权等权利的，应经查封机关、地役权人、土地经营权人、抵押权人同意；

（4）申请登记事项与登记簿的记载是否冲突；

（5）《不动产登记操作规范（试行）》等要求的其他审查事项。

不存在《不动产登记操作规范（试行）》等规定不予登记情形的，将登记事项以及不动产权属证书收回、作废等内容记载于不动产登记簿。

二、土地经营权登记

（一）首次登记

1. 适用

有下列情形之一的，可申请土地经营权首次登记：

（1）已经办理土地承包经营权首次登记，承包方依法采取出租（转包）、入股或者其他方式向他人流转土地经营权且土地经营权流转期限为五年以上的；

（2）不宜采取家庭承包方式的荒山、荒沟、荒丘、荒滩等农村土地，通过招标、拍卖、公开协商等方式承包的。

2. 申请主体

土地经营权首次登记，依照下列规定提出申请：

（1）已经办理土地承包经营权首次登记的，承包方依法采取出租（转包）、入股或者其他方式向他人流转土地经营权且土地经营权流转期限为五年以上的，应由土地经营权流转双方共同申请；

（2）不宜采取家庭承包方式的荒山、荒沟、荒丘、荒滩等农村土地，通过招标、拍卖、公开协商等方式承包的，应由承包方申请。

3. 申请材料

申请土地经营权首次登记的材料包括：

（1）不动产登记申请书，申请人身份证明；

（2）权属来源材料，包括：①采取出租（转包）、入股或者其他方式向他人流转土地经营权，提交不动产权属证书和土地经营权流转合同；②不宜采取家庭承包方式的荒山、荒沟、荒丘、荒滩等农村土地，通过招标、拍卖、公开协商等方式承包的，提交土地承包合同；

（3）地籍调查表、宗地图、宗地界址点坐标等地籍调查成果。

4. 审查要点

不动产登记机构在审核过程中应注意以下要点：

（1）流转的土地经营权期限是否未超过土地承包经营权的剩余期限，流转期限是否在五年以上；

（2）流转取得土地经营权的，是否已依法取得土地承包经营权并办理登记；

（3）申请土地权属来源材料是否齐全、有效；

（4）申请人与土地承包合同或者土地经营权流转合同等权属来源材料记载的主体是否一致；

（5）地籍调查成果资料是否齐全、规范，地籍调查表记载的权利人、权利类型及其性质等是否准确；

（6）《不动产登记操作规范（试行）》等要求的其他审查事项。

不存在《不动产登记操作规范（试行）》等规定不予登记情形的，将登记事项记载于不动产登记簿后，向权利人核发不动产权证书。

（二）变更登记

1. 适用

已经登记的土地经营权有下列情形之一的，可申请土地经营权变更登记：

（1）权利人姓名或者名称、身份证明类型或者身份证明号码等事项发生变化的；

（2）土地坐落、界址、用途、面积等发生变化的；

（3）同一权利人分割或者合并土地的；

（4）土地经营权期限变更的；

（5）法律、行政法规规定的其他情形。

2. 申请主体

土地经营权变更登记应由不动产登记簿记载的权利人申请。

3. 申请材料

申请土地经营权变更登记的材料包括：

（1）不动产登记申请书，申请人身份证明，不动产权属证书；

（2）权利人姓名或者名称、身份证明类型或者身份证明号码发生变化的，提交能够证实其身份变更的材料以及变更后的土地经营权合同；

（3）土地坐落、面积、界址范围发生变化的，或者同一权利人分割或者合并土地的，提交变更后的土地经营权合同以及变更后的地籍调查表、宗地图、宗地界址点坐标等地籍调查成果；

（4）土地用途发生变化的，提交能够证实用途发生变化的材料以及变更后的土地经营权合同；

（5）土地经营权期限发生变化的，提交能够证实流转期限发生变化的协议以及变更后的土地经营权合同。

4. 审查要点

不动产登记机构在审核过程中应注意以下要点：

（1）申请变更登记的土地经营权是否已经登记；

（2）申请土地经营权的变更材料是否齐全、有效；

（3）申请变更事项是否与变更材料记载的变更事实一致；

（4）申请登记事项与不动产登记簿的记载是否冲突；

（5）《不动产登记操作规范（试行）》等要求的其他审查事项。

不存在《不动产登记操作规范（试行）》等规定不予登记情形的，将登记事项记载于不动产登记簿后，向权利人核发不动产权证书。

（三）转移登记

1. 适用

已经登记的土地经营权，因下列情形之一导致权利发生转移的，可申请土地经营权转移登记：

（1）依法采取出租（转包）、入股或者其他方式向他人流转土地经营权后，受让方再流转土地经营权的；

（2）不宜采取家庭承包方式的荒山、荒沟、荒丘、荒滩等农村土地，通过招标、拍卖、公开协商等方式承包农村土地取得土地经营权后，依法采取出租、入股或者其他方式流转土地经营权的；

（3）不宜采取家庭承包方式的荒山、荒沟、荒丘、荒滩等农村土地，通过招标、拍卖、公开协商等方式承包农村土地取得土地经营权，承包期内承包人死亡，其继承人继续承包的；

（4）因人民法院、仲裁机构的生效法律文书导致权利发生转移的；

（5）法律、行政法规规定的其他情形。

2. 申请主体

土地经营权转移登记应由双方当事人共同申请。符合《不动产登记暂行条例》《不动产登记操作规范（试行）》等规定情形的，可单方申请。

3. 申请材料

土地经营权转移登记的材料包括：

（1）不动产登记申请书，申请人身份证明，不动产权属证书；

（2）依法采取出租（转包）、入股或者其他方式向他人流转土地经营权后，受让方再流转土地经营权的，提交经承包方书面同意的材料、本集体经济组织备案的材料以及流转协议；

（3）不宜采取家庭承包方式的荒山、荒沟、荒丘、荒滩等农村土地，通过招标、拍卖、公开协商等方式承包农村土地取得土地经营权后，依法采取出租、入股或者其他方式流转土地经营权的，提交相关流转协议；

（4）因人民法院、仲裁机构的生效法律文书导致权利发生转移的，提交人民法院、仲裁机构的生效法律文书；

（5）因继承取得的，提交能够证实继承人继续依法承包的材料。

4. 审查要点

不动产登记机构在审核过程中应注意以下要点：

（1）申请转移登记的土地经营权是否已经登记；

（2）申请转移登记的材料是否齐全、有效；

（3）申请转移的土地经营权与登记原因文件的记载是否一致；

（4）申请登记事项与登记簿的记载是否冲突；

（5）流转的土地经营权期限是否超过原土地经营权的剩余期限；

（6）设有抵押权的，是否记载存在禁止或者限制抵押不动产转让的约定；

（7）通过招标、拍卖、公开协商等方式承包农村土地取得土地经营权，承包期内承包人死亡，其继承人继续承包的，审查是否在承包期内以及依法取得土地经营权；

（8）《不动产登记操作规范（试行）》等要求的其他审查事项。

不存在《不动产登记操作规范（试行）》等规定不予登记情形的，将登记事项记载于不动产登记簿后，向权利人核发不动产权证书。

（四）注销登记

1. 适用

已经登记的土地经营权，有下列情形之一的，可申请土地经营权注销登记：

（1）土地经营权期限届满的；

（2）土地被依法征收或者转为建设用地的；

（3）土地灭失的；

（4）依法解除土地经营权流转合同或者发包方依法终止土地经营权流转合同的；

（5）土地经营权人放弃土地经营权的；

（6）因人民法院、仲裁机构的生效法律文书导致权利消灭的；

（7）法律、行政法规规定的其他情形。

因流转取得的土地经营权，土地被依法征收或者转为建设用地、土地灭失、土地承包经营权消灭的，当事人应当一并申请土地承包经营权注销登记和土地经营权注销登记。

2. 申请主体

土地经营权注销登记应由不动产登记簿记载的权利人申请。土地经营权期限届满、土地灭失的，可由发包方或者土地承包经营权人申请注销。土地被依法征收、人民法院或者仲裁机构的生效法律文书导致权利消灭的，可依嘱托或由承包方申请。

3. 申请材料

申请土地经营权注销登记的材料包括：

（1）不动产登记申请书，申请人身份证明，不动产权属证书；

（2）土地被依法征收的，提交有批准权的人民政府征收决定书；土地被依法转为建设用地的，提交土地被依法转为建设用地的材料；

（3）土地灭失的，提交能够证实灭失的材料；

（4）依法解除土地经营权流转合同或者发包方依法终止土地经营权流转合同的，提交能够证实合同依法解除或者依法终止的材料；

（5）土地经营权人放弃土地经营权的，提交土地经营权人放弃土地经营权的书面材料。土地经营权上设有抵押权、地役权或者已经办理查封登记的，还需提供抵押权人、地役权人或者查封机关同意放弃的书面材料；

（6）因人民法院或者仲裁机构生效法律文书等导致土地承包经营权消灭的，提交人民法院或者仲裁机构生效法律文书。

4. 审查要点

不动产登记机构在审核过程中应注意以下要点：

（1）申请注销登记的土地经营权是否已经登记；

（2）申请土地经营权的注销材料是否齐全、有效；

（3）放弃土地经营权申请注销登记的，该土地是否存在查封或者设有地役权、抵押权等权利；存在查封或者设有地役权、抵押权等权利的，应经查封机关、地役权人、抵押权人同意；

（4）申请登记事项与登记簿的记载是否冲突；

（5）《不动产登记操作规范（试行）》等要求的其他审查事项。

不存在《不动产登记操作规范（试行）》等规定不予登记情形的，将登记事项以及不动产权属证书收回、作废等内容记载于不动产登记簿。

三、抵押权登记（土地经营权）

（一）首次登记

1. 适用

在借贷、买卖等民事活动中，自然人（含农村承包经营户）、法人或非法人组织在土地经营权上依法设立抵押权的，可以由抵押人和抵押权人共同申请办理不动产抵押权首次登记。

（1）为担保债务的履行，债务人或者第三人不转移不动产的占有，将该土地经营权抵押给债权人的，当事人可以申请一般抵押权首次登记；

（2）为担保债务的履行，债务人或者第三人对一定期间内将要连续发生的债权提供担保不动产的，当事人可以申请最高额抵押权首次登记。

2. 申请主体

抵押权首次登记应当由抵押人和抵押权人共同申请。

3. 申请材料

申请抵押权首次登记，提交的材料包括：

（1）不动产登记申请书；

（2）申请人身份证明；

（3）不动产权属证书；

（4）主债权合同。最高额抵押的，应当提交一定期间内将要连续发生债权的合同或者其他登记原因文件等必要材料；

（5）抵押合同。主债权合同中包含抵押条款的，可以不提交单独的抵押合同书。最高额抵押的，应当提交最高额抵押合同；

（6）同意将最高额抵押权设立前已经存在的债权转入最高额抵押担保的债权范围的，应当提交已存在债权的合同以及当事人同意将该债权纳入最高额抵押权担保范围的书面材料；

（7）通过流转取得的土地经营权办理抵押登记的，还需提供承包方同意的书面材料和发包方备案材料；

（8）法律、行政法规规定的其他情形。

4. 审查要点

不动产登记机构在审核过程中应注意以下要点：

（1）抵押财产是否已经办理不动产登记；

（2）抵押财产是否属于法律、行政法规禁止抵押的不动产；

（3）抵押合同上记载的抵押人、抵押权人、被担保主债权的数额或种类、担保范围、债务履行期限、抵押不动产是否明确；最高额抵押权登记的，最高债权额、债权确定的期间是否明确；

（4）申请人与不动产权属证书、主债权合同、抵押合同、最高额抵押合同等记载的主体是否一致；

（5）有查封登记的，不予办理抵押登记；

（6）同一不动产上设有多个抵押权的，应当按照受理时间的先后顺序依次办理登记，当事人另有约定的除外；

（7）通过流转取得的土地经营权办理抵押登记的，是否经承包方书面同意并向发包方备案；

（8）登记申请是否违反法律、行政法规的规定；

（9）《不动产登记操作规范（试行）》等要求的其他审查事项。

不存在《不动产登记操作规范（试行）》等规定不予登记情形的，记载不动产登记簿后向抵押权人核发不动产登记证明。

（二）变更、转移、注销登记

按照《不动产登记操作规范（试行）》《自然资源部关于做好不动产抵押权登记工作的通知》（自然资发〔2021〕54号）等规定办理。

承包方用承包地的土地经营权进行抵押的，将土地经营权登记和抵押权登记一并办理。

原有相关土地承包经营权和土地经营权登记政策规定与本规范不一致的，以本规范为准。

不动产登记代理专业人员
职业资格制度规定

（2022年4月13日　自然资发〔2022〕79号）

第一章　总　　则

第一条　为加强不动产登记代理专业人员队伍建设，规范不动产登记代理行为，根据《中华人民共和国民法典》《中华人民共和国土地管理法》《不动产登记暂行条例》《自然资源统一确权登记暂行办法》和国家职业资格制度有关规定，制定本规定。

第二条 本规定适用于在不动产登记代理服务机构，从事水流、森林、山岭、草原、荒地、滩涂等自然资源和土地、海域以及房屋、林木等定着物的不动产登记代理相关业务的专业人员。

第三条 国家设立不动产登记代理专业人员水平评价类职业资格制度，面向全社会提供不动产登记代理专业人员能力水平评价的服务，纳入国家职业资格目录。

第四条 不动产登记代理专业人员职业资格设不动产登记代理人一个层级。

不动产登记代理专业人员英文译为：Real Estate Registration Agent。

第五条 通过不动产登记代理专业人员职业资格考试并取得职业资格证书的人员，表明其已具备从事水流、森林、山岭、草原、荒地、滩涂等自然资源和土地、海域以及房屋、林木等定着物的不动产登记代理专业岗位工作的职业能力和水平。

第六条 自然资源部按照国家职业资格制度有关规定，负责制定不动产登记代理专业人员职业资格制度，并对实施情况进行指导、监督和检查。中国土地估价师与土地登记代理人协会具体承担不动产登记代理专业人员职业资格的评价与管理工作。

第二章 考 试

第七条 不动产登记代理专业人员职业资格实行全国统一大纲、统一命题、统一组织的考试制度。原则上每年举行 1 次。

第八条 自然资源部对中国土地估价师与土地登记代理人协会实施的考试工作进行监督和检查，指导中国土地估价师与土地登记代理人协会确定考试科目、考试大纲、考试试题和考试合格标准等。

第九条 中国土地估价师与土地登记代理人协会负责不动产登

记代理专业人员职业资格考试组织实施工作，组织成立资格考试专家委员会，研究拟定考试科目、考试大纲、考试试题和考试合格标准等。

第十条　凡遵守中华人民共和国宪法、法律、法规，恪守职业道德，具有高等院校专科及以上学历的人员，可以申请参加不动产登记代理人职业资格考试。

第十一条　不动产登记代理专业人员职业资格考试合格的，由中国土地估价师与土地登记代理人协会颁发自然资源部监制，中国土地估价师与土地登记代理人协会用印的《中华人民共和国不动产登记代理人职业资格证书》（以下简称"不动产登记代理人资格证书"）。

证书在全国范围有效。

第十二条　对以不正当手段取得不动产登记代理人资格证书的，按照国家专业技术人员资格考试违纪违规行为处理规定处理。

第三章　职业能力

第十三条　不动产登记代理专业人员应当遵守国家法律、相关法规和行业管理规范，维护国家和社会公共利益及委托人的合法权益，对从事业务中知悉的不动产信息以及其他应当保密的信息等予以保密，恪守职业道德。

第十四条　不动产登记代理专业人员在登记代理活动中，应当以委托人自愿委托为前提，独立、公正、平等、诚信地代理登记业务。

第十五条　取得不动产登记代理人资格证书，表明其应当具备以下职业能力：

（一）代理登记申请、确权指界、地籍调查，领取不动产权证书等；

（二）收集、整理权属来源证明及其他相关材料；

（三）协助权利人办理权属争议相关事项；

（四）依法查询登记资料、查证产权；

（五）提供登记及地籍管理相关法律政策和技术咨询；

（六）提供整合和整理不动产登记资料、开发建设和升级维护不动产登记信息管理基础平台、地籍数据库等服务；

（七）与登记业务相关的其他受托事项。

第十六条　不动产登记代理专业人员应当遵守国家专业技术人员继续教育有关规定，接受不动产登记代理行业组织等的继续教育，不断更新专业知识，提高职业素质和业务能力。

第四章　登　　记

第十七条　不动产登记代理专业人员实行登记服务制度。登记服务的具体工作由中国土地估价师与土地登记代理人协会负责。

第十八条　不动产登记代理专业人员应依托不动产登记代理服务机构从事不动产登记代理业务。

第十九条　中国土地估价师与土地登记代理人协会定期向社会公布不动产登记代理专业人员的登记情况，建立持证人员的诚信档案，制定执业准则和职业道德准则，为用人单位提供取得不动产登记代理人资格证书人员信息的查询服务。

第二十条　不动产登记代理专业人员应自觉接受中国土地估价师与土地登记代理人协会的自律性管理，其在工作中违反相关法律、法规、规章或者职业道德，造成不良影响的，由中国土地估价师与土地登记代理人协会取消登记，并收回其职业资格证书。

第二十一条　不动产登记代理服务机构应当严格遵守国家和本行业的各项管理规定，主动接受有关主管部门的监督检查，自觉接受行业自律管理。

第五章　附　　则

第二十二条　取得不动产登记代理人资格证书的人员，用人单位可根据工作需要按经济系列相应级别职称择优聘任。

第二十三条　本规定施行前，依据原人事部、原国土资源部印发的《关于印发〈土地登记代理人职业资格制度暂行规定〉和〈土地登记代理人职业资格考试实施办法〉的通知》（人发〔2002〕116号）、人力资源社会保障部和原国土资源部印发的《关于印发〈土地登记代理专业人员职业资格制度暂行规定〉和〈土地登记代理人职业资格考试实施办法〉的通知》（人社部发〔2015〕66号）要求，通过考试取得的土地登记代理人职业资格证书，继续有效。

第二十四条　本规定自发布之日起施行。

不动产登记代理人职业资格考试实施办法

（2022 年 4 月 13 日　自然资发〔2022〕79 号）

第一条　自然资源部负责指导、监督和检查不动产登记代理人职业资格考试的实施工作。

第二条　中国土地估价师与土地登记代理人协会具体负责不动产登记代理人职业资格考试的实施工作。

第三条　不动产登记代理人职业资格考试设《不动产登记法律制度政策》《不动产权利理论与方法》《地籍调查》和《不动产登记代理实务》4 个科目。考试分 4 个半天进行，每个科目的考试时间为 2.5 小时。

第四条　不动产登记代理人职业资格考试成绩实行 4 年为一个周期的滚动管理办法。参加全部 4 个科目考试的人员必须在连续 4 个考试年度内通过应试科目，方可取得不动产登记代理人职业资格证书。

第五条　符合《不动产登记代理专业人员职业资格制度规定》（以下简称《制度规定》）第十条规定的报名条件者均可申请参加考试。

第六条 符合《制度规定》的考试报名条件，并具备下列一项条件的人员，可免试相应科目。

（一）按照国家有关规定取得高级专业技术职务的人员，可免试《不动产权利理论与方法》和《地籍调查》2个科目，只参加《不动产登记法律制度政策》和《不动产登记代理实务》2个科目的考试。

（二）按照国家有关规定取得注册测绘师职业资格证书的人员，可免试《地籍调查》科目，只参加《不动产登记法律制度政策》《不动产权利理论与方法》和《不动产登记代理实务》3个科目的考试。

（三）按照国家有关规定取得法律职业资格证书的人员，可免试《不动产登记法律制度政策》，只参加《不动产权利理论与方法》《地籍调查》和《不动产登记代理实务》3个科目的考试。

免试部分科目的人员在报名时，应当提供相应材料。

第七条 免试部分科目人员的考试成绩，以应试科目数量确定其合格成绩管理滚动有效期限。参加2个科目考试其合格成绩以2年为一个滚动管理周期；参加3个科目考试其合格成绩以3年为一个滚动管理周期。免试部分科目的人员，必须在连续2个或者3个考试年度内通过应试科目，方可取得不动产登记代理人职业资格证书。

第八条 参加考试由本人提出申请，按有关规定办理报名手续。参加考试人员凭准考证和有效证件在指定的日期、时间和地点参加考试。

中央和国务院各部门及所属单位、中央管理企业的人员按属地原则报名参加考试。

第九条 考点原则上设在直辖市和省会城市的大、中专院校或者高考定点学校。如确需在其他城市设置考点，须经中国土地估价师与土地登记代理人协会批准。

第十条 坚持考试与培训分开的原则。凡参与考试工作（包括命题、审题与组织管理等）的人员，不得参加考试，也不得参加或者举办与考试内容相关的培训工作。应考人员参加培训坚持自愿原则。

第十一条 考试实施机构及其工作人员，应当严格执行国家人事考试工作人员纪律规定和考试工作的各项规章制度，遵守考试工作纪律，切实做好从考试试题的命制到使用等各环节的安全保密工作，严防泄密。

第十二条　对违反考试工作纪律和有关规定的人员，按照国家专业技术人员资格考试违纪违规行为处理规定处理。

第十三条　本办法自发布之日起施行。

自然资源部办公厅、国家林业和草原局办公室关于进一步规范林权类不动产登记做好林权登记与林业管理衔接的通知

（2020 年 6 月 3 日　自然资办发〔2020〕31 号）

各省、自治区、直辖市自然资源主管部门、林业和草原主管部门，新疆生产建设兵团自然资源主管部门、林业和草原主管部门：

为落实党中央、国务院关于不动产统一登记的要求，适应林业发展改革需要，解决林权类不动产登记工作不规范、不到位等问题，坚持不变不换、物权法定、便民利民原则，全面履行林权登记职责，现就有关事项通知如下。

一、规范登记业务受理

各地不动产登记机构（以下简称"登记机构"）要将林权登记纳入不动产登记一窗受理。除法定不予受理情形外，不得以登记资料未移交、数据未整合、调查测量精度不够、地类重叠等原因拒绝受理。

（一）原有权机关依法颁发的林权证书继续有效，不变不换。权利人申请换发林权证书的，按照不动产统一登记要求办理。单独申请森林、林木登记的，不予受理。

（二）当事人要求对已登记的联户林地拆宗申请办理登记的，按

照"愿联则联、愿单则单"的原则，由发包方组织相关权利人拆宗，并订立权属无争议、界址清晰、四至明确的林地承包合同后，登记机构依法办理转移登记。

（三）已登记的林地经营权，经营权流转合同依法解除或者合同期限届满未续约的，经营权权利人可以申请经营权注销登记。

（四）当事人以农民集体所有或国家所有依法由农民集体使用的林地、林木进行依法抵押的，登记机构依法办理抵押登记。

二、依法明确登记权利类型

登记机构要适应改革要求，根据《中华人民共和国土地管理法》《中华人民共和国森林法》《中华人民共和国农村土地承包法》等明确规定的权利类型，依法登记。

（五）国家所有的林地和林地上的森林、林木。

国家所有的林地和林地上的森林、林木，按照有批准权的人民政府或者主管部门的批准文件，依法确定给林业经营者使用的，权利类型登记为林地使用权/森林、林木使用权。

（六）集体所有或国家所有依法由农民集体使用的林地和林地上的林木。

1. 以家庭承包方式承包农民集体所有或国家所有依法由农民集体使用的林地从事林业生产的，依据承包合同，权利类型登记为林地承包经营权/林木所有权。

2. 在自留山等种植林木的，依据相关协议或材料，权利类型登记为林地使用权/林木所有权。

3. 未实行承包经营的集体林地以及林地上的林木，由农村集体成立的经济组织统一经营的，依据相关协议或材料，权利类型登记为林地经营权/林木所有权。

4. 采取招标、拍卖、公开协商等家庭承包以外的方式承包荒山荒地荒滩荒沟等农村土地营造林木的，除合同另有约定外，权利类型登记为林地经营权/林木所有权。

5. 农村集体经济组织统一经营的林地、家庭承包和以其他方式承包的林地，依法流转和再流转林地经营权期限5年以上（含5年）

的，依据合同约定，权利类型登记为林地经营权/林木所有权或者林地经营权/林木使用权。

三、创新方式开展林权地籍调查

登记机构要按照相关标准规范，充分利用已有成果，创新方式开展地籍调查，做好林权地籍资料核验。

（七）整宗林地的变更、转移、抵押等登记，要充分利用已有林权登记附图和调查成果办理，矢量数据转换导入，纸质图件转绘录入，形成宗地图层，林草部门和权利人、利害关系人配合核实确认界址，不得要求申请人提交调查成果。

（八）原林权登记档案因图件缺失、界址不清楚无法确定位置的，应根据权属来源资料，在不低于1∶10000的遥感影像图上绘制边界，登记机构会同林草部门组织申请人和利害关系人依图辨别或现场勘查明确四至界线，签字确认后办理登记。

（九）本集体经济组织及其成员林权首次登记未完成或者确需开展补充调查的，由登记机构采取"办理一宗、更新一宗"的方式，通过购买服务或组织专业调查队伍，逐宗开展地籍调查，不得增加申请人负担。

（十）林权转移、抵押、流转等涉及已登记的林权界址发生变化的，由当事人自行提供地籍调查成果。

四、积极稳妥解决难点问题

各级登记机构、林草部门要切实维护群众权益，依法依规解决权属交叉、地类重叠等难点问题。

（十一）属于林地承包或流转合同问题引发权属交叉重叠的，由当事人通过协商、承包经营纠纷仲裁、诉讼解决后，再办理登记；属于林木所有权和林地使用权存在争议的，由乡镇人民政府或者县级以上人民政府依法处理，争议解决程序完结后，再办理登记；属于登记错误或技术衔接问题的，由登记机构告知权利人和利害关系人，依法办理更正登记。

（十二）除"一地多证"以及已合法审批的建设用地外，对于分散登记时期因管理不衔接等原因，导致林权证范围内存在耕地、草地等其他情形，权利人申请登记的，登记机构应当办理，保障林权正常流转。地类重叠问题能同时解决的，可一并解决。

（十三）原林业部门已经登簿但尚未向权利人发放林权证的，根据权利人申请，由登记机构会同林草部门对原登记信息进行核实，核实无误的，按照不动产登记簿的标准进行转换，并发放林权类不动产权证。核实发现权属交叉重叠、登记错误等情况的，会同林草部门依法解决后再登簿发证。

五、加快数据资料整合移交

各级登记机构、林草部门要密切配合，基于同一张底图、同一个平台，加快数据资料整合。数据整合不得推倒重来，要最大化利用原林权登记数据，根据位置内业落图，在不做大量外业的前提下实现数据的基本整合。各地要在2020年底前完成数据整合和资料移交，2021年底基本完成数据建库，并汇交到自然资源部。

（十四）原林权登记纸质资料和电子数据全部整合移交至登记机构。原林权登记资料存放在档案部门的，由林草部门会同登记机构协调档案部门移交至登记机构或者建立电子档案共享机制。

（十五）边整合、边移交、边入库。林草部门和登记机构要共同做好原林权登记存量数据整合移交入库。林草部门要尽快整合原林权登记数据和档案，并及时分批移交。登记机构要做好数据接收和建库，编制不动产单元代码，保留并关联原林权登记编号，及时将入库信息反馈林草部门。纸质资料数字化要真实反映原登记成果，不得随意调整。对数据内容缺失、格式不符的，要结合现有档案资料及时采集和补录。非技术精度原因造成的权利交叉、地类重叠，在数据库中备注。

（十六）在数据资料整合移交过渡期，登记机构要会同林草部门建立内部协调办理机制，按照受理一宗、调取一宗、整合一宗的方式保障林权登记的正常办理，不得要求当事人自行提取原林权登记资料。

六、加强林权登记和林业管理工作衔接

林权登记和林业管理要加强工作衔接，统筹协调解决工作推进中的重大问题，推进信息互通共享，内部能够获取的材料不得要求当事人提供，避免折腾群众反复跑路。

（十七）推进信息共享。各级登记机构和林草部门应建立信息共享机制，实现不动产登记信息管理基础平台与林权综合监管平台无缝对接，通过数据交换接口、数据抄送等方式，实现林权审批、交易和登记信息实时互通共享。推动建立信息公开查询系统，方便社会依法查询。

（十八）夯实工作基础。各级登记机构要加强学习培训和自身能力建设，积极争取党委政府在政策、人员、经费等方面的支持。搭建软硬件环境，完善登记信息系统，注意数据管理安全，加快推进互联网+登记，提升登簿质量，及时汇交数据，公示办事指南。

自然资源部负责国务院确定的国家重点林区（以下简称重点林区）不动产登记，按照《国土资源部 国家林业局关于国务院确定的重点国有林区不动产登记有关事项的通知》（国土资发〔2016〕190号）文件执行，并与自然资源确权登记做好衔接。原林业部门颁发的重点林区林权证继续有效，已明确的权属边界不得擅自调整。

本通知自 2020 年 7 月 1 日起执行，各省级登记机构要督促推进各县市区林权登记工作，每季度向部报送进展情况。

国土资源部办公厅关于办理不动产登记类行政复议案件有关问题的通知（试行）

（2016 年 11 月 8 日 国土资厅发〔2016〕39 号）

各省、自治区、直辖市国土资源主管部门，新疆生产建设兵团国土资源局，各派驻地方的国家土地督察局，部机关各司局，不动产登记中心：

随着不动产统一登记制度全面实施，与国土资源主管部门相关的不动产登记类行政复议案件及行政诉讼案件类型和案件数量不断增多，出现了不少新情况、新问题。为统一不动产登记类行政复议案件办理标准，切实维护不动产权利人的合法权益，部在总结不动产登记复议应诉工作实践的基础上，根据《物权法》、《不动产登记暂行条例》、《政府信息公开条例》及其他有关法律、法规规定，对一些带有典型性且亟待解决的问题形成了共识，经征求最高人民法院和国务院法制办公室的意见后，明确了不动产登记类行政复议案件的审理思路和标准，供你们在审理不动产登记类行政复议案件时参考：

一、不动产登记资料查询属于特定行政管理领域的业务查询事项，其法律依据、办理程序、法律后果等与《政府信息公开条例》所调整的政府信息公开行为存在根本性差别。复议案件审查中，当事人或者其代理人依据《政府信息公开条例》申请查询特定的不动产登记资料的，如登记机构在法定期限内明确告知当事人或者其代理人按照《物权法》、《不动产登记暂行条例》和《不动产登记暂行条例实施细则》的有关规定办理的，复议机关应当维持该行政行为或者驳回申请人复议请求。

二、《不动产登记暂行条例》规定当事人或者其代理人应当到不动产登记机构办公场所申请不动产登记，并对申请不动产登记的情形、程序以及申请材料有严格要求。复议案件审查中，对于当事人或者其代理人通过书面或者其他不符合规定的形式和程序提出的不动产登记申请，国土资源主管部门如已主动向当事人或者其代理人释明其启动不动产登记申请的正确途径、形式、程序和要求，复议机关应当维持该行政行为或者驳回申请人复议请求。如国土资源主管部门对不符合要求的不动产登记申请不作处理，复议机关应当责令其限期履行法定职责。

三、国土资源主管部门作为行政复议机关审理相关案件时，登记机构是否尽到审查责任，应当适用合理审慎审查职责标准，并以此作为判定登记机构是否承担赔偿责任的标准。复议案件审查中，主要看登记机构是否尽到了合理审慎的审查义务，否则，复议决定中应当对登记行为予以撤销或者确认违法。

四、因不动产登记行政复议案件一般牵涉申请人重大财产权益，复议机关不宜在基础民事法律关系没有明确的前提下直接作出行政复议决定。国土资源主管部门审理相关行政复议案件时，除当事人同意协调解决外，一般应先中止案件审理，待作为登记基础的民事关系和事实清楚后再恢复审理。

五、不动产登记职责整合后，当事人对其他登记部门的不动产登记行为不服，向国土资源主管部门提起行政复议的，国土资源主管部门应当负责办理。受理后，可以追加原登记部门为第三人参与行政复议程序。行政应诉过程中，可以建议人民法院追加原登记部门为第三人参与行政诉讼。

自然资源部办公厅、国家林业和草原局办公室、国家金融监督管理总局办公厅关于落实深化集体林权制度改革要求 规范高效做好林权类不动产登记工作的通知

(2024 年 5 月 21 日　自然资办发〔2024〕24 号)

各省、自治区、直辖市自然资源主管部门、林业和草原主管部门，新疆生产建设兵团自然资源局、林业和草原局，国家金融监督管理总局各监管局，各政策性银行、大型银行、股份制银行：

为贯彻落实党中央、国务院深化集体林权制度改革要求，依法维护林农和林业经营者合法权益，服务支撑绿色发展，现就规范高效做好林权类不动产登记工作通知如下。

一、落实原林权证不变不换要求。各地要妥善处理原林权证与不动产权证的关系，坚持依法颁发的原林权证继续有效，权利不变动，不得强制要求换证。对已登记但尚未发放到权利人的林权证，

未经法定程序，不得随意收回和注销。林权权利人以原林权证申请办理抵押登记的，除存在权利交叉重叠、权属不清、证地不符等问题或法律规定不得抵押的情形外，自然资源部门应当办理，并为银行业金融机构等抵押权人颁发不动产登记证明，自然资源部门和银行业金融机构等抵押权人不得强制要求先换证再办理抵押登记，但抵押权人与抵押人沟通一致申请换证的除外；林权抵押存续期间，抵押人与抵押权人沟通一致申请换证的，无需解除原抵押登记。自然资源部门在办理后续林权登记时，要最大限度利用原林权登记资料，原林权证范围内存在非林地但无权属交叉重叠的，不影响产权归属。

二、规范林权登记受理和审核。申请人持原林权证办理林权变更、转移等登记时，除法定不予受理的情形外，自然资源部门不得以原林权登记精度不高、数据未移交整合等原因不予受理，不得随意增加登记材料。受理后，要依法依规进行登记审核，按程序颁发不动产权证书，不得采取在原林权证上简单标注，加盖不动产登记专用章的方式办理登记，避免将历史遗留问题带入新增登记中。集体所有的林地，不单独登记集体林地所有权，统一纳入集体土地所有权登记。

三、稳定林地承包经营权登记。坚持尊重农民意愿，保护农民权益，确保绝大多数农户原有承包林地继续保持稳定。对承包到户的林地，林草部门要加强林地承包合同管理；对于林地承包合同权属清晰、面积准确的，自然资源部门根据合同依申请办理林地承包经营权登记。对于家庭承包的林地，农户自愿流转林地经营权的，仍享有林地承包经营权，不得随意收回或注销承包户的林权证。

四、完善林地经营权登记。适应发展林业适度规模经营的要求，林草部门要加强林地承包、流转合同管理，规范林地经营权流转。自然资源部门根据承包、流转合同，依申请办理林地经营权登记，对流转期限5年以上（含5年）的林地经营权，由承包方和受让方共同申请；对以家庭承包以外方式承包的，由承包方申请；对由集体经济组织统一经营的，由集体经济组织申请办理林地经营权登记。各地要在不动产登记信息管理基础平台中增设林权登记模块，按照国家数据库标准增加"林地经营权"权利类型等字段，可单独设置经营权图层，规范做好林地经营权登记，为林地经营权依法流转和抵押融资提供支撑保障。

五、创新开展林权地籍调查。根据《深化集体林权制度改革方案》关于集体林权首次登记相关经费纳入地方财政预算和补充地籍调查由政府组织开展的有关要求，集体林权首次登记和原林权登记成果不完善确需开展地籍调查的，自然资源部门和林草部门要按照政府明确的分工，联合开展地籍调查，不得向当事人收取调查费用。其他由当事人自行委托开展地籍调查的，任何部门和个人不得指定调查机构。集体林权地籍调查要发挥村组作用，根据权属来源资料，充分利用全国国土调查、高分辨率影像图、实景三维数据等成果，以内业为主开展调查指界，无法通过内业确定权属界线的，再进行外业调查。鼓励具备条件的地方，由省级统筹组织开展林权地籍调查底图制作、软件开发和信息系统配发等工作，服务支撑市县开展地籍调查、数据整合建库等工作。林权地籍调查成果纳入地籍调查数据库统一管理。

六、优化林权登记办理流程。要围绕高效办好"一本证"，加快落实"一网、一门、一次"要求，自然资源部门受理林权登记申请后，涉及合同信息核验等事项的，由林草部门配合并联办理。自然资源和林草部门要加强林权登记信息和林地被征占用、林木采伐、退耕还林等林地管理信息共享，推动不动产登记信息管理基础平台与林权综合监管系统有效对接，让数据多跑路、群众少跑腿。各地要完善便民服务举措，支持有条件的地方将登记窗口向乡镇、村组延伸，向银行等金融机构延伸，积极推进"林权登记+金融"无缝衔接"一站式"服务，努力提高林权登记效率。探索符合农村实际的"互联网+林权登记"，利用远程线上办理林权登记申请、指界签章等事项。鼓励登记上门服务、节假日预约无休和延时服务等便民举措，方便进城务工林农办理登记。

七、协同推进历史遗留问题清理规范。各地要将林权登记数据整合建库和历史遗留问题化解作为深化集体林权制度改革工作的一项重要内容，因地制宜出台历史遗留问题化解政策，积极构建政府主导，自然资源和林草部门按照职责分工牵头负责，其他相关部门和乡镇政府、村组共同参与的林权登记历史遗留问题化解工作机制，组建专门工作力量，协同做好资料收集完善、合同签订、地籍调查、纠纷化解等工作。原林权登记图件缺失、界址不清确需开展补充调查，调查后涉及合同信息调整的，应当变更合同后再进行登记。有条件、有需求的地方，在充分尊重群众意愿的基础上，可稳妥探索以村为单位，结合发包、延包工作，开展整村地籍调查，集中清理规范历史遗留问题。对于存在林地、林木权属争议的，落实"属地处理"原则，由乡、县、市、省按法律规定的情形分级调处，鼓励农户之间的林权纠纷在村一级就地化解。各地林权登记历史遗留问题化解进展情况要通过不动产登记月报系统及时报部。

自然资源部、国务院国有资产监督管理委员会、国家税务总局、国家金融监督管理总局关于进一步提升不动产登记便利度促进营商环境优化的通知

（2023 年 12 月 21 日　自然资发〔2024〕9 号）

各省、自治区、直辖市自然资源主管部门、国有资产监督管理部门、税务部门，国家金融监督管理总局各监管局，新疆生产建设兵团自然资源局、国资委、税务局，各政策性银行、大型银行、股份制银行：

不动产登记是服务经济社会发展、保障人民群众财产权利的重要制度，是营商环境的重要内容。为落实党中央、国务院决策部署，进一步提升不动产登记便利度，促进营商环境优化，推动高质量发

展，现通知如下：

一、全面推进"全程网办"

（一）提升高频事项全程网办率。深化信息嵌入式实时互通共享，加快实现不动产登记全业务类型网上可办、网上好办，提升转移登记、抵押登记等高频业务"全程网办"比例。在长三角地区打造"全程网办"为主、线下帮办为辅的一体化"跨省通办"示范样板，并逐步向京津冀、成渝等区域拓展。加强安全管理，通过人脸识别、录音录屏等方式，线上核验当事人身份信息和真实意愿，有效防范风险。

（二）推广应用电子证书证明。加快推广不动产登记电子证书证明在抵押贷款、税收征缴、经营主体注册登记、户籍管理、教育入学、财产公证、水电气热过户等方面的社会化应用，逐步实现应用场景全覆盖。

（三）完善信息在线查询服务。电子介质的不动产登记信息查询结果证明与纸质介质的具有同等法律效力。有条件的地方可以开展"图属一致"在线可视化查询，探索不动产权利人线上授权委托查询和利害关系人线上查询。提升登记数据质量，夯实信息查询基础。

二、创新项目建设全生命周期登记服务

（一）"交地（房）即交证"。围绕各类项目，主动向前延伸不动产登记服务，提前对接开展地籍调查，打通上游相关业务环节，逐步实现土地供应、规划许可、不动产登记等信息共享、并行办理。在项目供地阶段，引导经营主体签订土地出让合同或取得划拨决定书时，同步申请不动产登记，实现"交地即交证"。在土地转让阶段，充分利用土地二级市场线上交易服务功能，通过综合窗口和信息共享推进土地交易登记一体化，实现"成交即交证"。在项目竣工阶段，经营主体可同步申请不动产登记，实现"竣工即交证"；项目通过验收后，可同步申请房屋首次登记和转移登记，实现"交房即交证"。

（二）"抵押即交证"。有抵押融资需求的经营主体，可一并申请办理土地首次登记和土地抵押登记。根据经营主体融资需求和不动产不同物理形态，打通纯土地抵押、在建建筑物抵押和房地产抵押，合并办理抵押权注销、新抵押权设立、抵押权变更等，满足项目建设不同阶段的抵押融资需求。

三、提高涉企登记服务水平

（一）服务企业改制重组。鼓励设立企业办事专区或企业专窗，为企业办理不动产登记提供"绿色通道"。对改制重组涉及权属转移，符合契税、印花税、土地增值税减征、免征或暂不征收政策的，通过综合窗口申请登记、办税，税务机关办理有关税收事项后，不动产登记机构及时依法办理登记，支持各类经营主体改革发展。落实《自然资源部 国务院国资委关于推进国有企业盘活利用存量土地有关问题的通知》（自然资发〔2022〕205号），对符合条件的国有企业公司制改制的土地，仅涉及权利人名称变更的，直接办理土地使用权人名称变更登记。

（二）免收小微企业不动产登记费。符合《工业和信息化部 国家统计局 国家发展和改革委员会 财政部关于印发中小企业划型标准规定的通知》（工信部联企业〔2011〕300号）标准的小微企业，提交小微企业免缴不动产登记费承诺书，即免收不动产登记费，不得要求另行提供属于小微企业的证明材料。个体工商户凭营业执照直接免收不动产登记费，无需承诺。

四、强化登记和税务、金融高效协同

（一）推动"一窗办理、集成服务"。严格落实《优化营商环境条例》"不动产登记、交易和缴税一窗受理、并行办理"的规定，完善综合窗口设置，优化人员配置，提高综合窗口服务能力和业务办理比例，加快综合窗口向"一窗办理、集成服务"升级。不动产登记、缴税等联办业务应通过综合窗口办理。优化线上缴纳土地出让价款、相关税费支付方式，合理提升线上支付额度。为纳税人提供方便的代开发票服务，推进代开发票业务网上可办，加快应用全面数字化的电子发票。实现省级层面税收征缴和不动产登记信息实时共享。

（二）协同不动产抵押融资服务。自然资源部、国家金融监管总局探索开展"总对总"系统对接机制，促进跨部门、跨区域、跨层级业务高效协同。逐步拓展银行业金融机构不动产登记服务网点服务内容，实现抵押登记、转移登记等关联业务就近办。深化不动产登记"带押过户"改革，加快实现"带押过户"业务跨银行业金融机构可办，覆盖工业、商业等各类不动产。推广"无还本续贷"抵押登记做法，通过旧抵押权注销和新抵押权设立登记合并办理、顺位抵押权设立和旧抵押权注销登记合并办理，或者办理抵押权变更登记等，实现"借新还旧"、抵押登记无缝衔接。

五、拓展预告登记覆盖面

（一）加强宣传引导。全面开展预购商品房预告登记，加快推广存量房预告登记。加大宣传推广力度，让社会普遍知晓预告登记是从源头上防范商品房"一房二卖""先卖后抵"等风险的重要举措，引导买卖双方积极申办预告登记。

（二）延伸服务网点。积极向银行业金融机构、房地产开发企业、不动产登记代理机构等延伸登记端口，实现预告登记网上办、即时办、免费办。依托综合窗口，推进预告登记与签订不动产物权协议同步申办。

（三）强化结果应用。预告登记结果是银行业金融机构审批发放贷款的依据，税务部门可运用预告登记结果开展税款征收相关工作。

六、优化继承登记办理流程

（一）简化材料查验方式。在办理非公证继承涉及的不动产登记业务中，对法定继承的，由全部法定继承人共同查验继承材料；对遗嘱继承的，由全部法定继承人共同查验遗嘱的有效性及是否为最后一份遗嘱；对受遗赠的，由全部法定继承人和受遗赠人共同查验继承材料；全部法定继承人查验继承材料，有第一顺序继承人的，第二顺序继承人无需到场；提供放弃继承权公证书的，该继承人无需到场。

（二）引入遗产管理人制度。由人民法院指定遗产管理人的，遗产管理人应到场协助取得不动产的权利人申请登记，通过遗产管理人对继承关系、申请材料等进行确认，精简办理流程，压缩办理时间。

（三）探索告知承诺制。对于实践中确实难以获取的死亡证明、亲属关系证明等不动产登记申请材料，地方可在明确适用情形、核实方式和失信惩戒规则等基础上，以告知承诺的方式代替。

七、健全化解历史遗留问题长效机制

（一）巩固日常化解机制。继续巩固"政府主导、部门联动"的工作机制，主动跨前一步，做好历史遗留问题导致的不动产"登记难"日常化解工作，力争出现一个、化解一个，依法维护企业群众合法权益。及时总结创新举措和典型经验，收集不作为、乱作为的反面案例，以案为鉴加快化解。根据工作需要，也可以继续采取专项工作的方式集中化解。

（二）建立问题发现处理平台和机制。发挥不动产登记直接面向企业和群众服务的优势，以"办不成事反映窗口"为依托，建立健全历史遗留问题发现和处理平台、机制，对于群众的各类办证诉求和反映的办证问题，进行记录、整理、分类，按照"缺什么补什么、谁审批谁负责"的原则，及时向上游审批供应环节反映，必要时发送工作办理提示建议单，合力推动将问题发现在日常、处理在日常。

（三）防止新增遗留问题。加强自然资源相关审批环节与不动产登记的相互衔接，实现用地审批、规划许可、土地供应、开发利用、执法监督等全业务链条封闭动态监管，确保登记法定要件齐全，从源头上避免出现新的遗留问题。

八、深化队伍作风常态化建设

（一）抓好典型示范引领。定期举办不动产登记技能大赛，持续开展寻找"全国最美不动产登记人"公益活动，启动全国便民利民典型窗口建设，发挥示范引领作用，提升一线登记人员的业务能力和职业归属感。

（二）加强常态化教育管理。强化登记人员常态化培训和监管，严肃查处收受好处造假、违规更改信息等违纪问题，动态更新全国不动产登记警示案例库，经常性开展警示教育。

（三）完善登记人员职业保障。总结实践经验，拓展不动产登记工作人员职业晋升渠道。建立不动产登记责任保险制度，采取购买不动产登记责任保险等措施，健全登记风险保障机制。针对一线窗口女性占比大的特点，争取"巾帼文明岗""三八红旗手"等荣誉，完善女性职业发展保障措施。

各地要围绕高效办成一件事合力攻坚，坚持一切从实际出发，指导本地区各市县结合实际创新举措，打破思维定势，优化登记工作，提升服务效能，不断增强企业群众办理不动产登记的获得感、幸福感、安全感。

自然资源部、农业农村部关于做好不动产统一登记与土地承包合同管理工作有序衔接的通知

（2022 年 9 月 13 日　自然资发〔2022〕157 号）

各省、自治区、直辖市自然资源主管部门、农业农村（农牧）厅（局、委）：

为贯彻落实党中央关于保持农村土地承包关系稳定并长久不变的要求，根据《民法典》《农村土地承包法》《不动产登记暂行条例》等法律法规规定，以及《中央编办关于修订整合不动产登记职责文件的通知》（中央编办发〔2019〕218 号）等文件要求，现就推进土地承包经营权纳入不动产统一登记，并做好与土地承包合同管理工作有序衔接有关事项通知如下。

一、切实履行部门职责

做好土地承包经营权确权登记颁证工作，是保持农村土地承包关系稳定并长久不变，维护广大农民财产权益的重大举措。各级自然资源、农业农村部门要按照机构编制管理部门明确的职责分工，推进不动产登记职责整合。自然资源部门负责农村土地承包经营权登记颁证工作。农业农村部门负责农村土地（含耕地、水域、滩涂）

承包经营及承包合同管理工作。两部门要按照职责分工，强化业务协同，共同做好土地承包合同签订、登记颁证等工作，确保不动产登记簿和证书记载内容与承包合同内容一致，切实维护好群众土地承包权益。

二、实现信息互通共享

各级自然资源、农业农村部门要建立信息共享机制，实现登记信息与承包合同信息互通共享，保障不动产登记与土地承包合同管理有序衔接。

各地要结合本地基础条件，根据资料介质形式、存储管理方式等实际，启动土地承包经营权登记簿和承包合同信息数据共享工作。已建立专线联通的，在符合信息安全要求的条件下，优先通过在线方式批量推送电子数据；在线共享条件不具备的，可暂时采取数据拷贝方式进行；尚未数字化的，可采取纸质资料复制方式。电子数据与纸质资料一致的，无需另行复制纸质资料。

地方农业农村部门组织签订土地承包合同后，要及时将合同信息共享给同级自然资源部门。自然资源部门依据合同记载的相关信息，将发包方、承包方代表和家庭成员及承包土地的面积、承包期限、用途等登簿。登簿完成后，自然资源部门要及时将不动产登记信息共享给农业农村部门。两部门要加强土地征收、承包地流转、永久基本农田调整补划等导致承包地自然状况和权属状况等变化情况的信息互通共享。自然资源部和农业农村部根据工作需要，逐步探索扩大信息共享范围和内容。

土地承包经营权确权登记档案已由当地档案管理部门保管的，自然资源部门和农业农村部门应会同档案管理部门，建立资料共享使用工作机制，满足日常工作需要。要规范做好信息共享工作，严格落实信息安全及保密要求，防止出现资料损毁、丢失、泄密等问题。

三、稳妥开展土地承包经营权登记颁证

第二轮土地承包到期后再延长30年试点地区自然资源、农业农村部门要按照中央关于延包试点工作节奏和要求，共同部署、一体

推进有关工作，共同做好延包合同签订和不动产登记工作。各地要认真落实《中共中央 国务院关于保持土地承包关系稳定并长久不变的意见》，已依法颁发的农村土地承包经营权证，在新的承包期继续有效且不变不换。对于延包中因土地承包合同期限变化直接顺延的，农业农村部门组织签订延包合同后，自然资源部门依据延包合同在登记簿上做相应变更，在原农村土地承包经营权证书上标注记载，加盖不动产登记专用章。涉及互换、转让土地承包经营权等其他情形，颁发《不动产权证书》（封皮不动产权证书字样下括号标注"土地承包经营权"），不动产权证书的记载内容应与原农村土地承包经营权证内容衔接一致。证书样式由自然资源部另行发布。

农业农村部门要完善农村土地承包经营权信息系统（平台）功能，并依托系统（平台）在线办理农村土地承包合同签订、变更等业务。自然资源部门要完善不动产登记信息管理基础平台功能，通过不动产登记系统办理土地承包经营权登记。

四、健全工作机制，切实方便群众

各地自然资源、农业农村部门要在地方党委政府领导下，建立健全工作机制，密切协作配合，加强条件能力建设，统筹解决工作推进中的重大问题，不断健全完善承包合同取得权利、登记记载权利、证书证明权利的中国特色土地承包经营权确权登记制度。第二轮土地承包到期后再延长30年试点地区要积极探索工作衔接、信息共享、证书颁发的路径方法。其他有条件的地区，在充分做好相关基础工作后，稳妥推进土地承包经营权登记成果信息共享，确保工作连续稳定。

各地要以为群众"办好一件事"为标准，优化业务流程，采取进驻政务服务大厅、联合办公、延伸服务等举措，切实方便群众。能够通过部门信息共享获取的材料，不得要求群众重复提交，不得增加群众负担。

2022年12月底前，各省级自然资源、农业农村部门要将工作进展情况，报自然资源部和农业农村部；重要工作情况要及时报告。

自然资源部、中国银行保险监督管理委员会关于协同做好不动产"带押过户"便民利企服务的通知

（2023 年 3 月 3 日　自然资发〔2023〕29 号）

各省、自治区、直辖市及计划单列市自然资源主管部门，新疆生产建设兵团自然资源局，各银保监局，各政策性银行、大型银行、股份制银行：

为贯彻中央经济工作会议精神，落实党中央、国务院扎实稳住经济一揽子政策措施的有关要求，在地方实践的基础上，自然资源部和中国银行保险监督管理委员会决定深化不动产登记和金融便民利企合作，协同做好不动产"带押过户"，进一步提升便利化服务水平，降低制度性交易成本，助力经济社会发展。现通知如下：

一、以点带面，积极做好"带押过户"

"带押过户"是指依据《民法典》第四百零六条"抵押期间，抵押人可以转让抵押财产。当事人另有约定的，按照其约定"的规定，在申请办理已抵押不动产转移登记时，无需提前归还旧贷款、注销抵押登记，即可完成过户、再次抵押和发放新贷款等手续，实现不动产登记和抵押贷款的有效衔接。

"带押过户"主要适用于在银行业金融机构存在未结清的按揭贷款，且按揭贷款当前无逾期。根据《自然资源部关于做好不动产抵押权登记工作的通知》（自然资发〔2021〕54 号），不动产登记簿已记载禁止或限制转让抵押不动产的约定，或者《民法典》实施前已经办理抵押登记的，应当由当事人协商一致再行办理。各地要在已有工作的基础上，根据当地"带押过户"推行情况、模式及配套措施情况，深入探索，以点带面，积极做好"带押过户"。要推动省会

城市、计划单列市率先实现，并逐步向其他市县拓展；要推动同一银行业金融机构率先实现，并逐步向跨银行业金融机构拓展；要推动住宅类不动产率先实现，并逐步向工业、商业等类型不动产拓展。实现地域范围、金融机构和不动产类型全覆盖，常态化开展"带押过户"服务。

二、因地制宜，确定"带押过户"模式

地方在实践探索中，主要形成了三种"带押过户"模式。模式一：新旧抵押权组合模式。通过借新贷、还旧贷无缝衔接，实现"带押过户"。买卖双方及涉及的贷款方达成一致，约定发放新贷款、偿还旧贷款的时点和方式等内容，不动产登记机构合并办理转移登记、新抵押权首次登记与旧抵押权注销登记。

模式二：新旧抵押权分段模式。通过借新贷、过户后还旧贷，实现"带押过户"。买卖双方及涉及的贷款方达成一致，约定发放新贷款、偿还旧贷款的时点和方式等内容，不动产登记机构合并办理转移登记、新抵押权首次登记等，卖方贷款结清后及时办理旧抵押权注销登记。

模式三：抵押权变更模式。通过抵押权变更实现"带押过户"。买卖双方及涉及的贷款方达成一致，约定抵押权变更等内容，不动产登记机构合并办理转移登记、抵押权转移登记以及变更登记。

各地要结合本地实际，确定适宜的办理模式，并结合实践不断丰富发展。在上述模式中，尤其买卖双方涉及不同贷款方的业务，鼓励各地积极引入预告登记，通过预告登记制度，防止"一房二卖"，防范抵押权悬空等风险，维护各方当事人合法权益，保障金融安全。

三、深化协同，提升便利化服务水平

各级不动产登记机构、银行保险监督管理机构及银行业金融机构要加强业务协同，推进登记金融系统融合，优化工作流程，实时共享信息，精简办事材料，努力实现登记、贷款、放款、还款无缝衔接，切实便民利企。鼓励建立跨银行业金融机构贷款协同机制，进一步探索不动产登记机构和银行保险监督管理机构"总对总"业务和系统对接方式。

不动产登记机构要继续向银行业金融机构延伸登记服务端口，实现预告登记、转移登记、抵押登记等业务合并办理，支持转移预告登记与抵押预告登记以及"双预告"登记转本登记一并申请、一并办理。要通过系统直联或"互联网+不动产登记"等方式，全面应用电子不动产登记证明，支持"带押过户"网上办、高效办。鼓励推进智能化辅助审核，实现系统自动提示办事进度、自动反馈业务信息，积极探索预告登记转本登记、抵押注销登记辅助自动办。

银行业金融机构要围绕"带押过户"贷款业务新特点，建立健全对应的服务制度，加快贷款业务流程改造，制定操作规程或业务指南，完善风险管控机制，及时升级改造信贷审批放款、还款结算等系统，实现自动放款、还款、资金支付、尾款结算等，确保资金安全高效。要减轻买卖双方负担、尊重各方意愿，选择便捷的资金流转模式，明确资金划转依据、时间节点、具体方式等，实现全流程闭环管理，确保资金安全。鼓励通过银行账户等方式直接结算。引入预告登记等制度的，要根据实时推送的预告登记等结果信息及时审批、发放贷款，确保资金按时到账。

四、加强组织，防范各类业务风险

各级自然资源主管部门、银行保险监督管理机构要高度重视，提高政治站位，将做好不动产"带押过户"作为当前加快推动经济运行稳步回升的重要举措之一，加强组织领导，深化部门协同，压实工作责任，积极主动落实。要建立畅通的沟通协调机制，加强业务指导和监管，梳理各环节风险点，制定应急预案，通过发布三方（四方）协议样本、风险提示、业务预警等方式切实防范风险。要细化业务流程，加强业务培训，做好宣传引导，鼓励企业群众积极选择"带押过户"服务。工作中遇到的重大问题，请及时报自然资源部、中国银行保险监督管理委员会。

自然资源部关于持续推进农村房地一体宅基地确权登记颁证工作的通知

(2023 年 6 月 28 日　自然资发〔2023〕109 号)

各省、自治区、直辖市自然资源主管部门，新疆生产建设兵团自然资源局：

党的二十大报告强调，要全面推进乡村振兴，深化农村土地制度改革，赋予农民更加充分的财产权益。规范开展房地一体宅基地确权登记颁证，对于依法保护农民财产权益、夯实农村土地制度改革基础、推进美丽乡村建设具有十分重要的意义。近年来，各地攻坚克难、稳步推进，取得了积极进展，但一些地方仍存在工作底数不清、数据汇交不到位、颁证不到户、成果更新不及时等问题。为持续推进全国农村房地一体宅基地确权登记颁证工作，现就有关事项通知如下：

一、加快推进房地一体宅基地地籍调查

（一）各地要在已有工作基础上，以行政村为基本单位，统一组织开展地籍调查，查清宅基地及房屋的坐落、界址、面积、权属等，满足房地一体确权登记工作需要。仅完成宅基地调查的，补充开展房屋调查；宅基地和房屋均未调查的，开展房地一体地籍调查；已完成房地一体地籍调查未登记的，核实已有成果，做好完善更新。

（二）要按照《地籍调查规程》《农村地籍和房屋调查技术方案（试行）》《农村不动产权籍调查工作指南》等技术标准，规范开展权属调查和不动产测绘。对于权属来源不明确或实地界址不清晰的，要认真履行四邻指界程序并由权利人或委托代理人签字盖章确认。因地制宜，选取合适的不动产测绘技术方法。有条件的或靠近城镇的，可采用解析法；不具备采用解析法条件的，可利用现势性较强

155

的航空或高分辨率卫星影像数据编制工作底图，灵活采用图解法或部分解析法；暂不具备解析法和图解法条件的，可利用"国土调查云"等软件结合勘丈法进行不动产测绘。

（三）各地要充分利用地籍调查和确权登记等已有工作成果，全面掌握已调查登记、已调查未登记、已登记发证、已登记未发证宅基地的宗数和面积等情况，以县（市、区）为单位建立健全工作台账，夯实确权登记工作基础。

二、抓紧完成已有成果清理整合和入库汇交

（四）各地要按照《自然资源部关于加快宅基地和集体建设用地使用权确权登记工作的通知》（自然资发〔2020〕84号）以及《不动产登记数据库标准》《不动产登记数据整合建库技术规范》《不动产登记存量数据成果汇交规范》等要求，抓紧完成已有数字化登记成果整合入库，以县（市、区）为单位，2023年底前汇交至国家级不动产登记信息管理基础平台（以下简称"国家级信息平台"）。已调查未登记的，先将不动产单元空间数据等地籍调查成果以单独图层形式汇交至国家级信息平台，登记完成后再更新汇交。

（五）对尚未数字化的纸质登记资料，要抓紧数字化建库，编制不动产单元代码，录入权利人、权利类型、面积、登记时间、证书号等登记簿信息，做到应填必填；对缺少空间信息的，可利用航空或高分辨率卫星影像图完成图形矢量化，也可利用"国土调查云"等软件补充空间位置信息，先汇交入库，再逐步更新提升。

三、规范有序推进房地一体宅基地确权登记颁证

（六）对权属合法、登记要件齐全的宅基地及房屋均未登记的，要尽快办理房地一体确权登记颁证；宅基地已登记、房屋未登记的，根据群众需求及时办理房地一体登记，换发房地一体不动产权证书；已登记的宅基地及房屋自然状况和权利状况发生变化的，依法办理相关登记。

（七）对"一户多宅"、宅基地面积超标、非本集体成员占用宅基地、没有权属来源材料的宅基地，以及合法宅基地上的房屋没有符合规划或建设相关材料等情形，各地可依据《国土资源部 中央农村工作领导小组办公室 财政部 农业部关于农村集体土地确权登记发证的若干意见》（国土资发〔2011〕178 号）、《国土资源部 财政部 住房和城乡建设部 农业部 国家林业局关于进一步加快推进宅基地和集体建设用地使用权确权登记发证工作的通知》（国土资发〔2014〕101 号）、《国土资源部关于进一步加快宅基地和集体建设用地确权登记发证有关问题的通知》（国土资发〔2016〕191 号）、《自然资源部关于加快宅基地和集体建设用地使用权确权登记工作的通知》（自然资发〔2020〕84 号）等政策文件以及地方细化完善的政策要求办理登记。

（八）对纳入农村乱占耕地建房住宅类房屋专项整治问题台账的房屋及用地，做好问题处置与登记工作衔接，根据处置结果依法办理登记。对违反国土空间规划管控要求建房、城镇居民非法购买宅基地、小产权房等，不得办理登记，严禁通过不动产登记将违法用地或违法建设合法化。

（九）各地要采取向乡镇、村延伸登记服务，以及网络视频确认、特殊困难群体上门服务等方式，方便群众办事。充分发挥农村基层组织主体作用，统一组织群众申请，做到登记业务批量办理。落实相关费用减免政策，除收取不动产权属证书工本费外，不得违规向群众收取登记费等，确保不增加群众负担。要及时将证书发放到群众手中，建立领证台账，留存领证签字表、邮寄凭单等。

四、做好登记成果日常更新和工作衔接

（十）各地要将农村房地一体宅基地确权登记纳入统一的不动产登记系统办理，建立城乡一体的不动产登记数据库，做好日常登记与成果更新，健全登记成果共享应用机制，服务于深化农村土地制度改革。

（十一）要做好与宅基地管理、农房建设等工作衔接，加强与宅基地审批及其他部门协同联动和信息共享，对经批准新建农村村民住宅或者宅基地征收、流转、退出，以及其他导致宅基地及房屋自然状况、权利状况发生变化的，及时办理登记，登记结果实时上传国家级信息平台。

各级自然资源主管部门要以"登记成果汇交国家级信息平台、颁证到户、规范登记、日常更新"为标准，强化登记、颁证、汇交、更新的全流程统筹与协同，坚持因地制宜、需求导向、先易后难，分类推进工作，不搞"一刀切"。省级自然资源主管部门要结合实际，制定工作计划，加强组织调度、定期检查，完成一个县（市、区）、销号一个。市、县自然资源主管部门要积极主动向党委政府汇报，加强部门沟通协作，落实人员，争取经费。宅基地制度改革试点地区要与试点工作做好衔接，加快推进，按时完成任务。部将实行"分片包干"，指导各地规范开展工作。

自然资源部关于进一步做好地籍调查工作的通知

（2023 年 10 月 10 日　自然资发〔2023〕195 号）

各省、自治区、直辖市自然资源主管部门，新疆生产建设兵团自然资源局：

近年来，各地扎实开展地籍调查（原权籍调查），加强成果应用，有力支撑了确权登记等工作，但也存在调查协同不够、成果难以沿用共享等问题。为贯彻落实《民法典》《土地管理法实施条例》及不动产登记有关规定，进一步完善地籍调查工作机制，促进地籍数据共享应用，更好支撑确权登记、服务自然资源管理工作，现通知如下。

一、充分认识新时代地籍工作的重要意义

地籍是土地的"户籍"。不动产统一登记以来，地籍工作的对象从土地拓展为以土地、海域（无居民海岛）为载体的各类自然资源和不动产。新时代的地籍，以权利归属为核心，准确记载自然资源和不动产权属、位置、界址、面积等信息，客观反映不动产权利设立、变更、转让、消灭状况，构成自然资源主管部门履行"两统一"职责的产权底板。新时代的地籍工作，为审批、供应等自然资源相关管理环节提供基础支撑，为明晰产权、定分止争、维护资源资产权益提供根本保障，为不动产安全交易和有序流转、构建高水平社会主义市场经济体制夯实产权基石。各地要充分认识新时代地籍工作的重要意义，进一步规范地籍调查、加强地籍管理，不断提高地籍工作质量和服务水平，助力自然资源事业高质量发展。

二、健全地籍调查工作机制

（一）统一地籍调查要求。涉及不动产权利设立或自然资源首次登记的，应当开展地籍调查，已有调查成果符合要求的除外。各地要结合实际情况，建立健全地籍调查服务确权登记和自然资源管理的工作机制。建设项目用地用海用岛报批阶段，开展地籍调查（土地勘测定界），支撑用地用海用岛审批、集体土地所有权登记等工作。土地供应阶段，设定不动产单元（宗地），开展地籍调查，支撑供地、土地首次登记、"交地即交证"等工作。竣工验收阶段，设定房地一体不动产单元，开展地籍调查，支撑规划用地核实、房屋首次登记、"交房即交证"等工作。鼓励以依法审定的建设工程设计方案为基础，预设房地一体不动产单元，开展地籍调查，支撑在建工程抵押、不动产预告登记等工作。确权登记时，缺少地籍调查成果或成果无法满足要求的，开展地籍调查获取基础数据成果。加强各环节调查作业协同衔接，开展首次调查后，自然资源和不动产界址、范围未发生变化的，已有调查成果应当沿用，不得重复调查和测绘；界址、范围发生变化，或已有调查成果不符合要求的，根据需要补充开展地籍调查。

（二）明确地籍调查主体。按照"谁需要、谁组织"原则，确定地籍调查实施主体。按规定当事人应当提交地籍调查成果的，由当事人负责开展地籍调查。自然资源主管部门应根据需要依法提供基础资料，必要时指导做好指界等权属调查工作。因供地等履职需要开展的地籍调查、地籍总调查和自然资源地籍调查，由自然资源主管部门负责组织开展。

三、规范开展地籍调查

（一）规范单元设定与代码编制。地籍调查以不动产单元或自然资源登记单元为基本作业单位。应依据规划、审批等材料，设定不动产单元或自然资源登记单元，编制单元代码，并一直沿用。建设用地供应时，宗地未编制不动产单元代码的，可利用土地市场动态监测监管系统的编码器，合理设置宗地顺序号号段，生成不动产单元代码，作为出让合同、划拨决定书等权属配置文件的标识（权属配置文件附加相应的不动产权利识别码）；同时要积极推进系统互联互通，实现自动编码、信息共享。单元一经设定，不得随意分割、合并或调整边界，依据有关审批文件、合同等材料依法依规调整的除外。单元代码变更的，应做好前后关联。

（二）严格地籍调查程序。各地要按照《地籍调查规程》等要求，统一技术标准，规范开展地籍调查，确保权属清楚、界址清晰、面积准确。权属调查是地籍调查的核心，应在全面查清权属状况、做好指界工作基础上，以权属调查确定的界址点、界址线为依据开展地籍测绘。土地权属来源不明确或实地界址不清晰的，要严格履行四邻指界程序。调查工作完成后，及时以宗地（宗海）为单位，编制不动产单元表。自然资源地籍调查成果，由所在地县级人民政府和相关部门组织核实。

（三）加强日常监督管理。各地要加强业务培训，督促指导地籍调查机构做好调查工作。当事人应自行委托地籍调查机构开展地籍调查，任何部门和个人不得指定或变相指定调查机构。政府出资开展地籍调查的，应按照政府采购规定选择地籍调查机构。自然资源主管部门和相关单位不得违规收取测绘费、配图费、落宗费等额外费用。建立健全地籍测绘投诉机制，妥善处理相关投诉。完善地籍调查机构工作质效评价机制，及时公示调查机构成果合格率、委托人满意度等信息，方便当事人选择调查机构。

四、严格审核地籍调查成果

（一）规范地籍调查成果。地籍调查成果包括地籍调查表、地籍调查报告、地籍图、不动产单元表等。地籍调查机构应严格落实调查人员自检、调查机构质检、委托方验收或确认等措施，对地籍调查成果质量负责。鼓励不动产登记代理人、注册测绘师参与地籍调查，对成果签字盖章。

（二）严格成果质量审核。按照"谁使用、谁负责"原则，确定地籍调查成果审核责任主体。其中，技术审查工作可明确专门技术单位负责，确保成果互认共享。统一成果审核要求，重点审核程序是否规范、成果是否完整、权利范围是否交叉重叠等，必要时应实地查看，确保成果质量。

五、加快建设地籍数据库

（一）分级建设地籍数据库。地籍数据库是国土空间基础信息平台的重要组成部分，主要存储地籍调查成果、确权登记结果等地籍数据。具备条件的，可结合统一不动产登记系统建设，建设省级统一地籍数据库，支持市县远程应用；也可以市县为主建设地籍数据库，归集形成省级地籍数据库。国家地籍数据库主要由各地地籍数据归集形成，并逐步建立实时接入为主、定期汇交为辅的地籍数据归集机制。地籍数据库可单独建设，也可采用物理分散、逻辑集中模式建设。强化网络和信息安全，实现地籍数据跨层级共享，推动地籍数据库与登记数据库同步，并与土地市场动态监测监管系统等相关业务系统互联互通。

（二）持续提升地籍数据完整性和覆盖度。各地应按照地籍数据库标准等要求，梳理整合各类地籍调查成果和确权登记结果，力争用3~5年时间建成较为完整的地籍数据库，实现图形、属性、档案等信息一体化管理，逐步形成全域覆盖、要素齐全的地籍图。对地籍图空白区，要结合工作需要，分类型、分区域、分阶段推进地籍调查全覆盖。探索运用实景三维中国建设成果，建设三维地籍数据库。

六、强化地籍数据共享应用和动态更新

（一）深化地籍数据共享应用。强化部门协作和业务协同，提升地籍数据共享应用能力。开展规划编制、审批、供地、登记、权益管理等工作时，应充分利用地籍数据核实权属状况和空间范围，提高工作效能。不动产单元代码应记载在土地出让合同、划拨决定书、建设工程规划许可证、乡村建设规划许可证、不动产登记簿证等材料中，实现"一码关联"，便利信息共享应用和查询追溯。充分利用地理信息公共服务平台（天地图）等，依法提供不动产自然状况、权利限制状况、地籍图等信息可视化查询服务。

（二）实现地籍数据动态更新。坚持"建用结合、以用促建"，建立健全"日常+定期"更新机制，保持地籍数据现势性、准确性和权威性。地籍调查成果通过审核或验收后，及时纳入地籍数据库，确权登记结果实时同步至地籍数据库，实现动态更新。审批、供地等业务办理完成后，及时依据办理结果更新地籍数据。各地可结合国土调查、土地综合整治、城市更新等工作，以不动产变化频繁、交易活跃区域为重点，组织开展地籍数据批量更新。

各地要高度重视地籍工作，将其列入重点工作。省级自然资源主管部门要强化监督指导，并选择部分市县作为示范点，以点带面、示范引领。市县自然资源主管部门要加强统筹，明确任务分工，扎实有序推进工作。工作中遇到的重大问题，请及时报部。

自然资源部、公安部关于加强协作配合强化自然资源领域行刑衔接工作的意见

（2023 年 7 月 6 日　自然资发〔2023〕123 号）

为深入贯彻习近平新时代中国特色社会主义思想特别是习近平生态文明思想和习近平法治思想，坚决落实党中央决策部署，进一步深化自然资源主管部门与公安机关在移送涉嫌自然资源犯罪案件中的协作配合，健全工作衔接机制，依法严肃查处各类自然资源犯罪行为，保护自然资源，推进高质量发展，根据相关法律法规、司法解释和技术规范，制定本意见。

一、自然资源主管部门和公安机关应当定期开展会商，分析研

判自然资源违法犯罪形势，交流打击和防范工作经验，协商解决工作中存在的问题困难，提出对策，各司其职抓好落实。

二、自然资源主管部门应当定期或者按照行刑衔接工作时限需要，向公安机关提供下列信息：

1. 自然资源领域有关法律法规和政策规定的最新调整情况；

2. 破坏自然资源的行政违法形势分析、研究报告和最新动态；

3. 自然资源领域内的检验检测机构名单库、专家库、检验资质以及批准的检测范围；

4. 破坏自然资源的行政处罚和违法人员信息；

5. 卫星图片执法检查发现涉嫌犯罪案件所涉及的卫星遥感数据和监测分析报告；

6. 指定区域内的卫星遥感历史数据及分析报告；

7. 需要自然资源主管部门提供的国土空间规划、土地、测绘地理信息、矿区规划、采矿许可证、海洋资源、不动产登记等信息数据。

三、自然资源主管部门在依法查办案件中，发现违法事实涉及的金额、情节、造成的后果，根据法律、司法解释、立案追诉标准等规定，涉嫌构成犯罪，依法需要追究刑事责任的，应当依照行刑衔接有关规定向公安机关移送。

自然资源主管部门移送涉嫌犯罪案件，应当将载明土地占用方式、地类、矿种（含共生、伴生矿种）、采矿方式、矿产资源破坏结果、涉案矿产品价值、销赃数额等具体信息的《鉴定意见》或者《认定意见》，以及鉴（认）定机构和鉴（认）定人资质证明等证明文件，连同行刑衔接所必需的其他材料一并移送公安机关。其中，需要对非法开采的矿产品价值、采取破坏性开采方法造成矿产资源破坏价值等涉矿事项进行认定的，自然资源主管部门应当依法出具《认定意见》，并向公安机关移送。

四、公安机关在办理涉嫌自然资源犯罪案件过程中，可以商请同级自然资源主管部门提供勘验、检验、鉴定、认定的协助。接到协助请求的自然资源主管部门，应当指定专人负责，按照法律法规、司法解释、技术规范和公安机关刑事案件办理法定时限要求，及时协调有关部门提供相应协助，出具检验报告、鉴定意见或者认定意见，并承担相关费用。

对涉嫌犯罪案件，自然资源主管部门应当开通绿色通道，协调检验检测机构和组织相关专家优先并加快协调开展检验、鉴定或者认定工作。

五、自然资源主管部门对明显涉嫌犯罪的案件，在查处、移送过程中，发现行为人可能存在逃匿或者转移、灭失、销毁证据等情形的，应当及时通报公安机关，由公安机关协助采取紧急措施，必要时双方协同加快移送进度，依法采取紧急措施予以处置。

六、公安机关办理自然资源主管部门移送的涉嫌犯罪案件和自行立案侦查的案件时，因客观条件限制，或者涉案物品对保管条件、保管场所有特殊要求，在依法履行查封、扣押手续并采取必要措施固定留取证据后，可以商请自然资源主管部门代为保管，签订保管协议并附公安机关查封、扣押涉案物品的清单。

自然资源主管部门不具备保管条件的，应当出具书面说明，推荐具备保管条件的第三方机构代为保管，相关保管费用由自然资源主管部门支出。

涉案物品相关保管费用有困难的，由自然资源主管部门会同公安机关报请本级人民政府解决。

七、自然资源主管部门和公安机关应当发挥各自部门优势，有针对性地组织举办业务培训、开展联合调研等活动，共同提高行政执法和侦查办案能力和水平。

八、自然资源主管部门和公安机关应当做好自然资源保护普法和宣传工作，充分利用电视、广播、互联网等各类媒体，广泛宣传自然资源保护的重要意义、法规政策、执法工作成效和典型案例等。畅通群众举报破坏自然资源违法犯罪线索的渠道，提高全社会保护自然资源意识。

九、地方各级自然资源主管部门、公安机关应当联合向同级财政部门争取建立自然资源行政执法与刑事司法工作专项资金，用于保障侦查办案、装备配备、人员培训、宣传教育、举报奖励、检验鉴定认定、涉案物品保管、生态环境损害修复等各项工作。

十、自然资源主管部门和公安机关应当通过调度、约谈、挂牌督办、明察暗访等多种方式，强力推动防范和打击破坏自然资源违法犯罪工作的落实。

实用附录

宅基地和集体建设用地
使用权确权登记工作问答

(2020 年 7 月 22 日　自然资办函〔2020〕1344 号)

第一部分　工作组织

1. 党中央、国务院对宅基地和集体建设用地使用权确权登记工作提出过哪些明确要求?

党中央、国务院高度重视宅基地和集体建设用地使用权确权登记工作。党的十七届三中全会明确提出,"搞好农村土地确权、登记、颁证工作"。2010 年以来,中央 1 号文件多次对宅基地、集体建设用地使用权确权登记工作作出部署和要求。2010 年提出,"加快农村集体土地所有权、宅基地使用权、集体建设用地使用权等确权登记颁证工作";2012 年要求,"2012 年基本完成覆盖农村集体各类土地的所有权确权登记颁证,推进包括农户宅基地在内的农村集体建设用地使用权确权登记颁证工作";2013 年要求,"加快包括农村宅基地在内的农村集体土地所有权和建设用地使用权地籍调查,尽快完成确权登记颁证工作。农村土地确权登记颁证工作经费纳入地方财政预算,中央财政予以补助";2014 年提出,"加快包括农村宅基地在内的农村地籍调查和农村集体建设用地使用权确权登记颁证工作";2016 年要求,"加快推进房地一体的农村集体建设用地和宅基地使用权确权登记颁证,所需工作经费纳入地方财政预算";2017 年强调,"全面加快房地一体的农村宅基地和集体建设用地确权登记颁证工作";2018 年提出,"扎实推进房地一体的农村集体建设用地和宅基地使用权确权登记颁证,加快推进宅基地'三权分置'改革";

166

2019年要求，"加快推进宅基地使用权确权登记颁证工作，力争2020年基本完成"；2020年强调，"扎实推进宅基地和集体建设用地使用权确权登记颁证"。

另外，2019年《中共中央 国务院关于建立健全城乡融合发展体制机制和政策体系的意见》（中发〔2019〕12号）要求，"加快完成房地一体的宅基地使用权确权登记颁证"；2020年《中共中央 国务院关于构建更加完善的要素市场化配置体制机制的意见》（中发〔2020〕9号）要求，"在国土空间规划编制、农村房地一体不动产登记基本完成的前提下，建立健全城乡建设用地供应三年滚动计划"。

2. 当前宅基地和集体建设用地使用权确权登记工作重点是什么？

《自然资源部关于加快宅基地和集体建设用地使用权确权登记工作的通知》（自然资发〔2020〕84号）明确要求，以未确权登记的宅基地和集体建设用地为工作重点，按照不动产统一登记要求，加快地籍调查，对符合登记条件的办理房地一体不动产登记。对于未开展地籍调查的，要尽快开展房地一体地籍调查，完成房地一体不动产登记；已完成宅基地、集体建设用地地籍调查但没有完成农房调查的，要尽快补充调查农房信息，完成房地一体的不动产登记。

3. 在宅基地和集体建设用地使用权确权登记工作中为什么要坚持"不变不换"原则？

《不动产登记暂行条例》第三十三条规定，"本条例施行前依法颁发的各类不动产权属证书和制作的不动产登记簿继续有效"。《不动产登记暂行条例实施细则》第一百零五条规定，"本实施细则施行前，依法核发的各类不动产权属证书继续有效。不动产权利未发生变更、转移的，不动产登记机构不得强制要求不动产权利人更换不动产权属证书"。坚持"不变不换"是不动产登记法律制度的要求，是对原有登记成果的尊重和延续，也是保持工作稳定性和连续性的需要。因此，已分别颁发宅基地、集体建设用地使用权证书和房屋所有权证书的，遵循"不变不换"原则，原证书仍合法有效。

4. 在宅基地和集体建设用地使用权确权登记工作中如何落实"房地一体"登记要求？

《国土资源部 财政部 住房和城乡建设部 农业部 国家林业局关于进一步加快推进宅基地和集体建设用地使用权确权登记发证工作的通知》（国土资发〔2014〕101号）要求，各地要以登记发证为主线，因地制宜，采用符合实际的调查方法，将农房等集体建设用地上的建（构）筑物纳入工作范围，实现统一调查、统一确权登记。《不动产登记操作规范（试行）》（国土资规〔2016〕6号）规定，房屋等建（构）筑物所有权应当与其所附着的土地一并登记，保持权利主体一致。具体来说，围绕宅基地和集体建设用地确权登记工作重点，对于未开展地籍调查的，要尽快开展房地一体地籍调查，完成房地一体不动产登记；已完成宅基地、集体建设用地地籍调查但没有完成农房调查的，要尽快补充调查农房信息，完成房地一体的不动产登记。

对于宅基地已登记、农房没有登记，权利人有换发不动产权证意愿的，可向登记机构申请办理房地一体不动产登记。已登记宅基地、集体建设用地（房屋等建筑物、构筑物未登记）发生变更、转移的，要按照房地一体要求办理不动产变更、转移登记，核发统一的不动产权证。

5. 办理宅基地和集体建设用地登记需要缴纳哪些费用？

《财政部 国家发展改革委关于不动产登记收费有关政策问题的通知》（财税〔2016〕79号）规定，单独申请宅基地使用权登记、申请宅基地使用权及地上房屋所有权登记，只收取不动产权属证书工本费，每本10元。申请集体建设用地使用权及建（构）筑物所有权登记的，应当按照相关规定缴纳不动产登记费80元（包含第一本证书工本费）。

6. 如何充分发挥集体经济组织、村民委员会或者村民小组等集体土地所有权代表行使主体在宅基地和集体建设用地确权登记中的作用？

《民法典》第二百六十二条规定，对于集体所有的土地和森林、山岭、草原、荒地、滩涂等，依照下列规定行使所有权：（一）属于村农民集体所有的，由村集体经济组织或者村民委员会依法代表集体行使所有权；（二）分别属于村内两个以上农民集体所有的，由村内各该集体经济组织或者村民小组依法代表集体行使所有权；（三）属于乡镇农民集体所有的，由乡镇集体经济组织代表集体行使所有权。《村民委员会组织法》规定，村民委员会依照法律规定，管理本村属于村农民集体所有的土地和其他财产；宅基地的使用方案应当经村民会议讨论决定。因此，在遵守法律法规、政策的前提下，坚持农民的事情农民办，充分发挥集体经济组织或者村民委员会、村民小组等集体土地所有权代表行使主体和基层群众自治组织的作用，积极引导农民参与农村不动产确权登记工作，并通过村民自治、基层调解等方式，参与解决权属指界、登记申请资料收集、权属纠纷，以及农民集体经济组织成员资格、分户条件、宅基地取得时间认定和缺少权属来源材料等疑难问题。

7. 基本完成宅基地和集体建设用地确权登记任务的标准是什么？

2020 年底前，完成全国农村地籍调查，农村宅基地和集体建设用地登记率达到 80% 以上，即宅基地、集体建设用地已登记宗地数（原来发土地证的宗地数和不动产统一登记后发不动产权证的宗地数之和，其中原土地证换发不动产权证的宗地不得重复计算）占应登记宗地数的 80% 以上。2021 年底前，完成宅基地和集体建设用地及房屋登记资料清理整合，农村地籍调查和不动产登记数据成果逐级汇交至国家不动产登记信息管理基础平台。

第二部分 地 籍 调 查

8. 地籍调查与不动产权籍调查是什么关系？

地籍调查是指通过权属调查和地籍测绘，查清不动产及自然资源的权属、位置、界址、面积、用途等权属状况和自然状况。地籍调查包括不动产地籍调查和自然资源地籍调查，不动产地籍调查即不动产权籍调查。

9. 是否需要对所有宅基地和集体建设用地开展地籍调查？

本次宅基地和集体建设用地确权登记工作应以未确权登记的宅基地和集体建设用地为地籍调查工作的重点，全面查清宅基地和集体建设用地底数，对已调查登记、已调查未登记、应登记未登记、不能登记等情况要清晰掌握。已完成宗地登记的，原则上不列入本次地籍调查范围，但应根据原地籍调查成果将宗地界线转绘至地籍图上。对于有房地一体不动产登记需求的，原宗地地籍调查成果经核实完善后应当继续沿用，开展房屋补充调查，形成房地一体的地籍调查成果。

10. 对原已完成宅基地或集体建设用地地籍调查但尚未登记的，应如何开展地籍调查？

已完成宅基地和集体建设用地地籍调查但尚未登记，其地上房屋等建（构）筑物尚未开展地籍调查的，已有宗地地籍调查成果应当经核实完善后继续沿用，补充调查地上房屋等建（构）筑物信息，形成房地一体的地籍调查成果。

已完成宅基地和集体建设用地地籍调查工作但尚未登记，其地上房屋等建（构）筑物已经登记的，应对宅基地和集体建设用地地籍调查成果进行核实完善后，将其地上已登记的房屋等建（构）筑物信息落宗，形成房地一体的不动产地籍调查成果。

11. 如何制作农村地籍调查工作底图？

可选用大比例尺（1∶500～1∶2000）的地形图、已有地籍图、第三次全国国土调查、农村土地承包经营权登记等工作中获取的分辨率优于0.2米的正射影像、倾斜摄影测量成果等作为基础图件，叠加地籍区、地籍子区界线和集体土地所有权宗地界线，并标注乡镇、村、村民小组及重要地物的名称，根据需要勾绘或标注相关内容即可形成工作底图。

12. 如何划分集体土地范围内的地籍区和地籍子区？

在县级行政辖区内，以乡（镇）、街道界线为基础，结合明显性地物划分地籍区。在地籍区内，以行政村、居委会或街坊界线为基础，结合明显线性地物划分地籍子区。

地籍区和地籍子区一旦划定，原则上不随行政界线的调整而调整，其数量和界线宜保持稳定。确需调整的，应当按照一定程序和规范进行调整。

13. 如何有针对性地划分宅基地和集体建设用地不动产单元、编制不动产单元代码?

不动产单元是地籍调查的基本单位。在宅基地和集体建设用地地籍调查工作中，不动产单元是指宅基地或集体建设用地及地上房屋（建/构筑物）共同组成的权属界线固定封闭且具有独立使用价值的空间。

不动产单元代码是指按一定规则赋予不动产单元的唯一和可识别的标识码，也可称为不动产单元号。不动产单元代码应按照《不动产单元设定与代码编制规则》（GB/T 37346-2019）相关要求编制。

本次工作中，应在工作底图上，根据收集的已有调查、登记成果，结合地形或影像，在地籍区、地籍子区和集体土地所有权宗地界线内，初步识别并预划不动产单元，预编不动产单元代码，权属调查工作结束后，正式划定不动产单元，确定不动产单元代码。已登记的不动产，应建立新旧不动产单元代码和原地号、房屋编号的对应表。

例如，某宅基地使用权宗地位于某县级行政辖区（行政区划代码为340123）内第3地籍区，第6地籍子区，宗地顺序号为13；该宅基地上建设了一幢房屋，则该不动产单元编码示例如下：

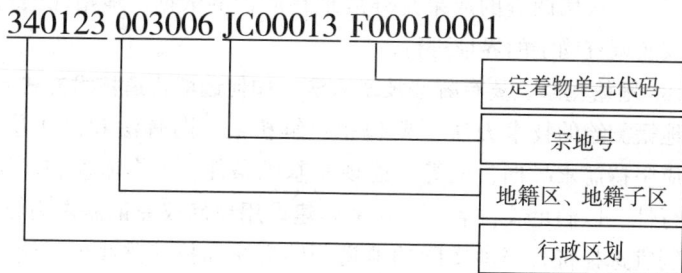

340123 003006 JC00013 F00010001

	定着物单元代码
	宗地号
	地籍区、地籍子区
	行政区划

14. 宅基地和集体建设用地权属调查可采取哪些灵活的方式？

在权属调查工作中，可灵活采取集中收集材料、集中指界、利用"国土调查云"软件现场采集录入信息等方式。对权利人因外出等原因无法参与实地指界的，可采取委托代理指界、"先承诺，后补签"、网络视频确认等方式开展指界工作。

15. 是否必须开展实地指界？可采取哪些便利方式？

不一定。对界址清楚、已经登记过的宅基地和集体建设用地使用权的宗地，办理房地一体登记的，经核实界址未发生变化的，应沿用原宗地地籍调查成果，无需开展实地指界工作。对宅基地和集体建设用地审批时有精确界址点坐标的，无需开展实地指界工作。办理首次登记时，土地权属来源材料中界址不明确、实地界址有变化或者无法提供土地权属来源材料的，应当开展实地指界。

16. 是否一定要绘制宗地草图？

不一定。宗地草图是描述宗地位置、界址点、界址线和相邻宗地关系的现场记录。原则上应当在现场指界、丈量界址边长并绘制宗地草图。在本次工作中，为提高工作效率，采用全野外实测界址点的，在确保相邻关系准确、界址清晰无争议的前提下，可在现场指定界址点并签字后，不丈量界址边长、不绘制宗地草图，直接对指定的界址点和房角点开展地籍测绘，并据此编制宗地图。

17. 权属调查和地籍测绘是什么关系？

地籍调查包括权属调查和地籍测绘，其中权属调查是地籍调查工作的核心和基础，原则上应实地开展权属状况调查、指界等权属调查工作。权属调查的成果是开展地籍测绘的依据，地籍测绘应当根据权属调查确定的界址进行。

18. 地籍测绘主要有哪些技术方法？如何选取合适技术方法？

地籍测绘的技术方法主要包括：解析法、图解法和勘丈法等。各地应坚持需求导向，统筹考虑现实基础条件、工作需求和经济技术可行性，以满足农村宅基地和集体建设用地确权登记需求为目标，因地制宜选择符合当地实际的地籍测绘方法和技术路线，不能盲目追求高精度、不切实际一律要求界址点、房屋等全部采用解析法实测。同一地区可分别选用不同的方法。要充分利用规划、审批、核验等测量资料，避免重复测绘。

19. 开展地籍测绘是否一定要做控制测量？

不一定。地籍测绘中应根据实际需要开展控制测量。在本次工作中，采用解析法测量的，根据需要开展控制测量。采用图解法和勘丈法的地区，无需开展控制测量。

20. 怎样采用图解法开展地籍测绘？

利用时相较新、分辨率优于 0.2 米的正射影像图，或大比例尺（不小于 1∶2000）地籍图、地形图以及倾斜摄影测量成果等图件，根据权属调查结果，在图上采集界址点和房角点，形成宗地和房屋的空间图形，用于上图入库。因为目前图解法获取的界址点坐标和面积误差较大，无法满足宅基地和集体建设用地登记要求，因此，原则上应利用实地丈量的界址边长和房屋边长计算宗地和房屋面积。

21. 怎样采用勘丈法开展地籍测绘？

在实地指定界址点，利用测距仪、钢尺等实地丈量界址边长和房屋边长，根据需要丈量界址点与邻近地物的距离，采用几何要素法利用丈量结果计算宗地和房屋面积。

22. 应如何计算宗地和房屋面积？

采用解析法测绘的，应采用坐标法计算面积，即利用解析界址点和房角点坐标，按照相关面积计算公式计算宗地和房屋面积。采用勘丈法的，应采用几何要素法计算面积，即利用实地丈量的宗地界址边长和房屋边长，按照宗地范围和房屋占地范围的几何图形，通过长 * 宽等几何方法计算宗地和房屋面积。采用图解法的，原则上应采用几何要素法利用丈量结果计算面积。

23. 房产分户图是否要分层绘制？

不一定。农村不动产以宗地和独立成幢的房屋作为不动产单元的，应以幢为单位绘制房产分户图，不需要分层绘制。建筑面积可按层分别计算后求和，也可采取简便易行的方式，如以一层建筑面积乘以层数计算。

24. "国土调查云"软件是什么？是免费使用吗？

"国土调查云"是服务国土调查和自然资源管理工作的应用软件。2018年10月，自然资源部办公厅印发了《关于推广应用"国土调查云"软件的通知》（自然资办发〔2018〕35号），在全国各级自然资源管理部门和乡镇国土所推广应用"国土调查云"。该软件免费使用，由中国国土勘测规划院提供技术支持。为配合宅基地和集体建设用地确权登记工作，"国土调查云"软件增加了农村宅基地和集体建设用地地籍调查功能，软件包括手机APP、WEB端和桌面端三个应用，主要面向非专业技术人员开展工作。

25. "国土调查云"用户注册，软件怎么下载安装？

根据《关于推广应用"国土调查云"软件的通知》（自然资办发〔2018〕35号），由中国国土勘测规划院负责"国土调查云"省级管理员用户注册工作，并提供相应技术支持。各省级自然资源主管部门组织录入APP和WEB端用户注册信息表，由管理员在WEB端批量注册授权，注册用户凭手机号码验证码即可登录使用。"国土调查云"手机APP可在华为应用市场搜索"智能管理"下载安装，输入用户手机号和验证码登录使用；"国土调查云"WEB浏览器地址：https：//landcloud.org.cn/zjd，用户名和密码与手机APP一致。

26. "国土调查云"软件用于宅基地和集体建设用地地籍调查的优势是什么？

对部分农村地籍调查基础薄弱、登记资料管理不规范和信息化程度低、暂不具备解析法和图解法条件的区域，使用"国土调查云"辅助开展宅基地和集体建设用地调查工作，无需使用GPS/RTK或全站仪等专业测量设备，普通工作人员经简单培训即可操作。通过权属调查、使用钢尺丈量，结合"国土调查云软件"快速定位、绘制宗地草图，数据可实时上传至WEB端生成地籍图。同时，可使用"国土调查云"软件通过拍照、信息录入和定位功能，将已登记发证但没有矢量化地籍资料的宅基地和集体建设用地登记资料录入，生成地籍图，有助于快速摸清底数、清晰掌握情况，加快工作进度。

27. 如何利用"国土调查云"软件开展地籍调查？

市、县自然资源主管部门可会同村委会组织人员，利用安装了"国土调查云"软件的手机开展工作，操作流程是：①外业调查：使用手机 APP 开展外业调查，录入权利人信息等相关信息，采集院落中心点（示意范围），录入勘丈和登记信息，拍摄宗地实地照片。②内业处理：使用 WEB 端进行外业成果整理、信息补充录入、标准数据成果导出、快速汇总实时汇交等工作。③矢量化处理：使用桌面端软件，依据附图扫描件和影像底图，进行图形矢量化和相邻关系处理等工作。具体操作方法参见"国土调查云"软件说明和操作演示视频。

28. 农村地籍调查成果和登记成果应如何建库汇交？

按照《地籍数据库标准（试行）》，将地籍调查成果纳入不动产登记信息管理基础平台上的地籍数据库统一管理，并以县（市、区）为单位，于 2021 年底前逐级汇交至国家级不动产登记信息管理基础平台。不动产登记成果应按《不动产登记数据库标准》及时录入不动产登记数据库，日常登记结果应实时上传至国家级不动产登记信息管理基础平台。存量数据整合后，不动产登记成果应以县（市、区）为单位，完成一个汇交一个，于 2021 年底前，逐级汇交至国家级不动产登记信息管理基础平台。

29. 地籍数据库和不动产登记数据库是什么关系？

不动产登记数据库包含已登记不动产的自然信息、权属信息、登记过程和登记结果等信息。地籍数据库包括不动产（已登记和未登记的）调查信息和登记结果信息。两个数据库应通过不动产单元号紧密关联、实时更新，地籍数据库为登记数据库提供调查结果信息，登记结果信息应同步更新至地籍数据库。

第三部分 确权登记

30. 近年来国家层面出台过哪些关于宅基地和集体建设用地确权登记工作文件？

为落实中央有关宅基地、集体建设用地使用权确权登记工作要求，我部先后下发了若干文件，进一步作出部署，明确工作要求和确权登记政策等。主要包括：

（1）2011 年 5 月，原国土资源部、财政部、原农业部印发《关于加快推进农村集体土地确权登记发证工作的通知》（国土资发〔2011〕60 号）；

（2）2011 年 11 月，原国土资源部、中央农村工作领导小组办公室、财政部、原农业部印发《关于农村集体土地确权登记发证的若干意见》（国土资发〔2011〕178 号）；

（3）2013 年 9 月，原国土资源部印发《关于进一步加快农村地籍调查推进集体土地确权登记发证工作的通知》（国土资发〔2013〕97 号）；

（4）2014 年 8 月，原国土资源部、财政部、住房和城乡建设部、原农业部、原国家林业局印发《关于进一步加快推进宅基地和集体建设用地使用权确权登记发证工作的通知》（国土资发〔2014〕101 号）；

（5）2016 年 12 月，原国土资源部印发《关于进一步加快宅基地和集体建设用地确权登记发证有关问题的通知》（国土资发〔2016〕191 号）；

（6）2018 年 7 月，自然资源部印发《关于全面推进不动产登记便民利民工作的通知》（自然资发〔2018〕60 号）；

（7）2020 年 5 月，自然资源部印发《关于加快宅基地和集体建设用地使用权确权登记工作的通知》（自然资发〔2020〕84 号）；

（8）2020 年 5 月，自然资源部印发《关于做好易地扶贫搬迁安置住房不动产登记工作的通知》（自然资办发〔2020〕25号）。

31. 如何把握地方出台相关政策与国家层面政策的关系？

为有效推进宅基地、集体建设用地确权登记工作，大部分省（区、市）在国家有关法规政策基础上，结合本地实际制定了具体的宅基地、集体建设用地确权登记政策文件。这些政策文件是对国家法规政策的具体化和必要的补充完善，和国家层面政策一样，都是本地开展宅基地、集体建设用地使用权确权登记工作的重要依据。

32. 没有权属来源材料的宅基地如何确权登记？

根据《国土资源部关于进一步加快宅基地和集体建设用地确权登记发证有关问题的通知》（国土资发〔2016〕191号）和《农业农村部 自然资源部关于规范宅基地审批管理的通知》（农经发〔2019〕6号）有关规定，对于没有权属来源材料的宅基地，应当查明土地历史使用情况和现状，由所在农民集体经济组织或村民委员会对宅基地使用权人、面积、四至范围等进行确认后，公告30天无异议或异议不成立的，由所在农民集体经济组织或村委会出具证明，并经乡（镇）人民政府审核批准，属于合法使用的，予以确权登记。

33. "一户多宅"能不能登记？

《国土资源部关于进一步加快宅基地和集体建设用地确权登记发证有关问题的通知》（国土资发〔2016〕191号）规定，宅基地使用权应按照"一户一宅"要求，原则上确权登记到"户"。符合当地分户建房条件未分户，但未经批准另行建房分开居住的，其新建房屋占用的宅基地符合相关规划，经本农民集体经济组织或村民委员会同意并公告无异议或异议不成立的，可按规定补办有关用地手续后，依法予以确权登记；未分开居住的，其实际使用的宅基地没有超过分户后建房用地合计面积标准的，依法按照实际使用面积予以确权登记。

对于因继承房屋占用宅基地，形成"一户多宅"的，可按规定确权登记，并在不动产登记簿和证书附记栏进行注记。

34. 宅基地确权登记中的"户"如何认定？

地方对"户"的认定有规定的，按地方规定办理。地方未作规定的，可按以下原则认定："户"原则上应以公安部门户籍登记信息为基础，同时应当符合当地申请宅基地建房的条件。根据户籍登记信息无法认定的，可参考当地农村集体土地家庭承包中承包集体土地的农户情况，结合村民自治方式予以认定。

35. 宅基地超面积如何登记？

农民集体经济组织成员经批准建房占用宅基地的，按照批准面积予以确权登记。未履行批准手续建房占用宅基地的，地方有规定的，按地方规定办理。地方未作规定的，按照《国土资源部关于进一步加快宅基地和集体建设用地确权登记发证有关问题的通知》（国土资发〔2016〕191号）规定的分阶段处理原则办理：

1982年《村镇建房用地管理条例》实施前，农民集体经济组织成员建房占用的宅基地，范围在《村镇建房用地管理条例》实施后至今未扩大的，无论是否超过其后当地规定面积标准，均按实际使用面积予以确权登记。

1982年《村镇建房用地管理条例》实施起至1987年《土地管理法》实施时止，农民集体经济组织成员建房占用的宅基地，超过当地规定面积标准的，超过面积按国家和地方有关规定处理的结果予以确权登记。

1987年《土地管理法》实施后，农民集体经济组织成员建房占用的宅基地，超过批准面积建设的，不予确权登记。符合规划经依法处理予以保留的，在补办相关用地手续后，只登记批准部分，超出部分在登记簿和证书中注记。

历史上接受转让、赠与房屋占用的宅基地超过当地规定面积标准的，按照转让、赠与行为发生时对宅基地超面积标准的政策规定，予以确权登记。

36. 非本农民集体经济组织成员取得宅基地能不能登记？

根据《国土资源部 中央农村工作领导小组办公室 财政部 农业部关于农村集体土地确权登记发证的若干意见》（国土资发〔2011〕178号）、《国土资源部关于进一步加快宅基地和集体建设用地确权登记发证有关问题的通知》（国土资发〔2016〕191号）规定，非本农民集体经济组织成员取得宅基地，应区分不同情形予以处理：

（1）非本农民集体经济组织成员，因易地扶贫搬迁、地质灾害防治、新农村建设、移民安置等按照政府统一规划和批准使用宅基地的，在退出原宅基地并注销登记后，依法确定新建房屋占用的宅基地使用权，并办理不动产登记。

（2）非本农民集体经济组织成员（含城镇居民），因继承房屋占用宅基地的，可按规定确权登记，在不动产登记簿及证书附记栏注记"该权利人为本农民集体经济组织原成员住宅的合法继承人"。

（3）1999年《国务院办公厅关于加强土地转让管理严禁炒卖土地的通知》（国办发〔1999〕39号）印发前，回原籍村庄、集镇落户的职工、退伍军人、离（退）休干部以及回乡定居的华侨、港澳台同胞等，原在农村合法取得的宅基地，或因合法取得房屋而占用宅基地的，经公告无异议或异议不成立的，由该农民集体经济组织出具证明，可依法确权登记，在不动产登记簿及证书附记栏注记"该权利人为非本农民集体经济组织成员"。"国办发〔1999〕39号"文件印发后，城市居民违法占用宅基地建造房屋、购买农房的，不予登记。

37. 如何保护农村妇女的宅基地权益？

《国土资源部关于进一步加快宅基地和集体建设用地确权登记发证有关问题的通知》（国土资发〔2016〕191号）规定，农村妇女作为家庭成员，其宅基地权益应记载到不动产登记簿及权属证书上。农村妇女因婚嫁离开原农民集体经济组织，取得新家庭宅基地使用权的，应依法予以确权登记，同时注销其原宅基地使用权。

38. 农民进城落户后其宅基地能不能确权登记？

《中共中央 国务院关于实施乡村振兴战略的意见》 （中发〔2018〕1号）明确要求，依法维护进城落户农民的宅基地使用权、土地承包经营权、集体收益分配权，引导进城落户农民依法自愿有偿退出上述权益，不得以退出承包地和宅基地作为农民进城落户条件。《国土资源部关于进一步加快宅基地和集体建设用地确权登记发证有关问题的通知》（国土资发〔2016〕191号）规定，农民进城落户后，其原合法取得的宅基地使用权应予以确权登记。

39. 农民集体经济组织成员之间互换房屋如何确权登记？

经宅基地所有权人同意，农民集体经济组织成员之间互换房屋，导致宅基地使用权及房屋所有权发生转移的，可以依法予以确权登记。《不动产登记暂行条例实施细则》第四十二条规定，农民集体经济组织内部互换房屋，申请宅基地使用权及房屋所有权转移登记的，应当提交不动产权属证书或者其他权属来源材料、集体经济组织内部互换房屋的协议等材料办理登记。

40. 农民集体经济组织成员之间转让、赠与宅基地上房屋如何确权登记？

经宅基地所有权人同意，在本集体内部向符合宅基地申请条件的农户转让、赠与宅基地上房屋，导致宅基地使用权及房屋所有权发生转移的，可以依法予以确权登记。转让、赠与宅基地，申请宅基地使用权及房屋所有权转移登记的，参照《不动产登记暂行条例实施细则》第四十二条规定，提交不动产权属证书或者其他权属来源材料、集体内部转让、赠与协议等材料办理登记。

《国土资源部关于进一步加快宅基地和集体建设用地确权登记发证有关问题的通知》（国土资发〔2016〕191号）规定，历史上接受转让、赠与房屋占用的宅基地超过当地规定面积标准的，按照转让、赠与行为发生时对宅基地超面积标准的政策规定，予以确权登记。

41. 合法宅基地上房屋没有符合规划或者建设相关材料能不能登记？

《自然资源部关于加快宅基地和集体建设用地使用权确权登记工作的通知》（自然资发〔2020〕84号）规定，对合法宅基地上房屋没有符合规划或建设相关材料的，地方已出台相关规定，按其规定办理。未出台相关规定，位于原城市、镇规划区内的，出具规划意见后办理登记。位于原城市、镇规划区外且在《城乡规划法》实施前建设的，在办理登记时可不提交符合规划或建设的相关材料；位于原城市、镇规划区外且在《城乡规划法》实施后建设的，由集体经济组织或者村民委员会公告 15 天无异议或者异议不成立，经乡（镇）人民政府审核后，按照审核结果办理登记。

42. 换发房地一体不动产权证书时，房屋测量面积与原房屋所有权证面积不一致，如何处理？

换发房地一体不动产权证书时，房屋测量面积与原房屋所有权证记载面积不一致的，应当以精度高的测量方法测得的面积为准。运用同种测量方法测量，属于精度误差范围内的，以原房屋所有权证记载面积为准。对于房屋翻建后造成面积不一致的，当事人应当提供翻建房屋的规划许可等材料，申请变更登记。

43. 换发房地一体不动产权证书时，宅基地测量面积与原登记面积不一致的，如何处理？

换发房地一体不动产权证书时，宅基地测量面积与原登记面积不一致的，应当区分不同情形进行处理：

（1）对于宅基地界址未发生变化，属于测量方法造成面积不一致的，以精度高的测量方法测得面积登记。

（2）因非法超占宅基地导致测量面积大于原登记面积的，应以原登记面积为准，超占面积按照本问答第 35 条办理。

44. 农村简易房、临时性建（构）筑物能不能登记？

农村简易房、圈舍、农具房、厕所等临时性建（构）筑物，没有符合规划或者建设的相关材料，一般不予登记。

45. 宅基地批准使用后一直未办理登记，若原批准使用人死亡的，能不能申请登记？

宅基地是以"户"分配和使用的，只要"户"中还有其他成员，批准使用人的死亡就不影响该"户"的宅基地使用权，可由现在的户主申请登记。如果"户"中已没有其他成员，按照《继承法》① 规定，宅基地上房屋可由继承人继承，因继承房屋占用宅基地的，可按规定

---

① 2020 年 5 月 28 日《中华人民共和国民法典》由中华人民共和国第十三届全国人民代表大会第三次会议通过，自 2021 年 1 月 1 日起施行，《中华人民共和国继承法》同时废止。

申请登记，并在不动产登记簿及证书附记栏中注记。

46. 同一宗宅基地上多个房屋属于不同权利人，申请办理房地一体不动产登记的，如何处理？

同一宗宅基地上多个房屋属于不同权利人，申请办理房地一体不动产登记的，应当区分不同情形进行处理：

（1）属于新型农村社区或多（高）层多户农民公寓的，按照《不动产登记暂行条例实施细则》第四十三条，参照国有建设用地使用权及建筑物区分所有权的规定，办理宅基地等集体土地上的建筑物区分所有权登记。

（2）属于因继承、分家析产等原因，造成房地权利主体不一致，若遗嘱或者分家析产协议对宅基地作了明确分割，分割的宅基地经县（市）自然资源主管部门认定符合不动产单元划定标准，可以分别办理登记；若遗嘱或者分家析产协议对宅基地未作明确分割的，按照宅基地使用权共同共有办理登记。

（3）属于存在民事纠纷的，待纠纷解决后予以确权登记。

47. 根据国家法规政策，哪些宅基地、集体建设用地不予登记？

《不动产登记暂行条例》第二十二条规定，登记申请有下列情形的，不动产登记机构应当不予登记：（一）违反法律、行政法规的；（二）存在尚未解决的权属争议的；（三）申请登记的不动产权利超过规定期限的；（四）法律、行政法规规定不予登记的其他情形。《自然资源部关于加快宅基地和集体建设用地使用权确权登记工作的通知》（自然资发〔2020〕84号）规定，对乱占耕地建房、违反生态保护红线管控要求建房、城镇居民非法购买宅基地、小产权房等，不得办理登记，不得通过登记将违法用地合法化。凡有上述情况的宅基地、集体建设用地，不予登记。

48. 纳入文物保护范围的古村落或农村建（构）筑物，如何确权登记？

对纳入文物保护范围的古村落或农村建（构）筑物，应本着管理不改变产权归属原则，依法予以确权登记。同时，应在不动产登记簿和证书附记栏注记，"该不动产属于受国家保护的不可移动文物"。

49. 利害关系人对宅基地和集体建设用地确权登记结果有异议的，如何处理？

利害关系人对宅基地和集体建设用地确权登记结果有异议的，可以按照《不动产登记暂行条例实施细则》第七十九条、八十条、八十二条的规定，申请更正登记、异议登记。对不动产登记结果有异议的，可以依法申请行政复议或提起诉讼。

50. 没有权属来源材料的集体建设用地如何确权登记？

《国土资源部关于进一步加快宅基地和集体建设用地确权登记发证有关问题的通知》（国土资发〔2016〕191号）规定，对于没有权属来源材料的集体建设用地，应当查明土地历史使用情况和现状，认定属于合法使用，经所在农民集体经济组织或村民委员会同意，并公告30天无异议或者异议不成立的，经乡（镇）人民政府审核，报县级人民政府批准，予以确权登记。

51. 原乡镇企业或村办企业破产、关停、改制等，其原使用的集体建设用地如何确权登记？

原乡镇企业或村办企业因破产、关停等不再使用集体土地的，应当按照《土地管理法》第六十六条规定，由农村集体经济组织报经原批准用地的人民政府批准后收回集体建设用地使用权。若原乡镇企业或村集体企业因破产、兼并、改制等导致集体建设用地使用权发生转移，现用地单位继续占用且未改变批准用途的，可以提交集体建设用地使用权转移的材料办理转移登记。若现用地单位继续占用该地块且经批准改变土地用途的，申请人还应当提交有批准权的人民政府或主管部门的批准文件等材料。

第四部分　成果入库和整合汇交

52. 农村地区宅基地和集体建设用地使用权确权登记数据与城镇地区土地、房屋等其他不动产登记数据是什么关系？

农村地区宅基地和集体建设用地使用权确权登记数据与城镇地

区土地、房屋等其他不动产登记数据都是不动产登记数据的重要组成部分，应纳入不动产登记数据库统一管理，不能另建一个数据库。

与城镇地区相比，农村地区不动产登记数据基础比较薄弱，需加快推进数据完善，提升数据质量。

53. 应该如何完善宅基地和集体建设用地使用权确权登记数据？

宅基地和集体建设用地使用权确权登记数据与其他类型不动产数据一样，数据的完备、准确、规范是保障登记安全、提高业务办理效率、保护权利人合法权益的基础，也是开展信息共享服务的保障。

完善宅基地和集体建设用地使用权确权登记数据主要通过两个途径：一是完善存量数据。对存量登记资料进行清理和标准化整合，补充完善缺失的重要数据项。二是规范增量数据。在日常登记业务中，完整、规范、准确的填写登记簿，为今后开展登记业务和信息共享服务提供可靠的登记数据，避免形成新的历史遗留问题。

54. 有纸质登记资料但未数字化建库的，如何利用"国土调查云"软件辅助开展数据整合工作？

对原有纸质登记资料尚未数字化的，可利用"国土调查云"辅助开展工作，具体流程如下：

（1）利用 APP 软件功能快速搜索导航定位到实地现场，结合全球卫星定位和软件影像底图确定宅基地位置。

（2）在影像底图标记院落中心点，依据纸质登记资料结合影像底图，勾绘宗地位置、输入纸质登记资料的宗地和房屋的界址线边长与面积。

（3）软件将自动生成宗地编号和带影像截图的调查草图，录入证书上的权利人等属性信息，拍摄权利人、宗地、房屋及证书的宗地图照片。

（4）调查采集的相关信息将实时汇总到系统 WEB 端，系统提供数据汇总统计和下载功能，用于各级开展后续调查登记相关工作。

55. 农村不动产日常登记业务办理采用什么信息系统？

应采用当地统一的不动产登记系统，不能再建一套专用于农村地区不动产的登记系统，避免"两张皮"。

56. 如何运用信息化手段规范登记簿填写工作？

将业务规则、数据字典和编码等规范内嵌在不动产登记系统中，尽可能减少需要手工填写的数据项，通过逻辑校验规则最大限度地消除人为操作失误造成的数据不规范，并对空项进行提示，以便对具体问题有针对性地加以解决。

57. 日常登记业务中，如何解决宅基地和集体建设用地确权登记基础资料薄弱的问题，确保登记簿数据完备、准确、规范？

在日常登记中，遇到宅基地和集体建设用地确权登记基础资料薄弱问题，应在登记业务中加以消化处理，不应搁置起来，给未来的登记业务和数据服务留下隐患。登记基础资料薄弱问题应分类进行处理：一是针对规范化程度低的问题，可以通过不动产登记系统进行逻辑校验并加以规范化处理。二是针对电子数据缺失的问题，可以通过对纸质资料进行电子化处理，纳入不动产登记数据库的方式予以解决。三是针对数据项缺失的问题，可以充分利用已有登记档案资料等信息，尽可能将信息补录完整，做到"应填尽填"，确实找不到资料的文本数据项，填写斜杠"/"。数据项不能为空，是为了对每个数据项进行严格校验。因此，对于缺失信息的数据项，不能"一空了之"。

58. 日常登记成果信息为什么需要实时上传至省级和国家级信息平台？应采取何种方式上传？

《不动产登记暂行条例》第二十三条规定，"各级不动产登记机构登记的信息应当纳入统一的不动产登记信息管理基础平台，确保国家、省、市、县四级登记信息的实时共享"。因此，各级不动产登记机构日常业务的登记结果应通过全国不动产登记信息平台统一接入系统，在登簿的同时实时在线上传至省级和国家级信息平台。

59. 宅基地和集体建设用地使用权日常登记成果信息何时接入国家级信息平台？

办理农村宅基地和集体建设用地使用权日常登记时，应在登簿的同时实时上传登记成果信息，不应批量上传。目前，全国不动产登记信息管理基础平台已实现国家、省、市、县四级联通，地方各级不动产登记机构可通过已经部署的不动产登记信息管理基础平台统一接入系统，实现登记数据的自动上传。

60. 宅基地和集体建设用地在进行房地一体首次登记时，应该如何上传报文？

办理房地一体首次登记前已经上传了"建设用地使用权、宅基地使用权首次登记（如：接入业务编码1000301）"业务报文的，在办理房地一体首次登记时只需要上传"房地产权（独幢、层、套、间、房屋）首次登记（如：接入业务编码1000402）"业务报文。办理房地一体登记前，尚未上传土地登记数据的，应在办理房地一体首次登记时同时上传"房地产权（独幢、层、套、间、房屋）首次登记（如：接入业务编码1000402）"业务报文和相关联的"建设用地使用权、宅基地使用权首次登记（如：接入业务编码1000301）"业务报文。

61. 宅基地和集体建设用地使用权日常登记成果信息接入国家信息平台时，遇到部分字段填不上的情况该如何处理？遇到接入报文上传失败该如何处理？

要保证登记簿中的每一个数据项的填写都经过严格把关，没有空项。确实无法填写的，对于文本型字段，可使用斜杠"／"代替，并在备注栏内注明原因；对于日期型和数值型字段，可以为空，但要在备注栏内进行说明。

各地不动产登记机构须对报文上传情况设置提醒，对上传失败的报文及时分析原因，将内容完善后重新上传，并详细记录上传登簿日志。

62. 为什么要对已有的宅基地和集体建设用地使用权存量登记资料开展集中清理整合和成果入库工作？

不动产登记"四统一"是一个有机的整体，也是开展不动产登记工作的基本要求。已有的宅基地和集体建设用地使用权存量登记资料，是分散登记时期形成的资料，与统一登记的技术标准还存在一定的距离，只有开展集中清理整合和成果入库，才能保证日常登记业务的规范高效和安全，并提供便捷的信息服务。如果不对这些存量登记资料开展集中清理整合，而是全部在日常登记业务中逐步消化处理，必将影响日常登记业务的工作效率，也会对信息共享服务带来障碍。

63. **是否会根据农村地区确权登记数据特点制定相关标准规范，进一步明确登记数据整合汇交要求？**

《不动产登记数据库标准（试行）》《不动产登记数据整合建库技术规范（试行）》《不动产登记存量数据成果汇交规范（试用）》等已有标准规范，已经可以涵盖农村地区不动产登记数据的整合入库和汇交。因此，不再专门制定针对农村地区不动产登记数据的标准规范，后续会根据工作需要适时提出相关要求。

64. **宅基地和集体建设用地使用权存量登记资料基础薄弱，在开展资料清理整合和入库中会遇到各种各样的问题，如何把握总体原则？**

宅基地和集体建设用地使用权存量登记资料基础薄弱，各地在推进资料清理整合和入库中遇到的问题，既有共性的，也存在本地特有的，需要针对具体问题分门别类加以处理。需要把握的总体原则是，不对已有登记数据进行修改。对数据的任何实质内容的修改，都应通过法定程序进行更正。具体承担资料清理整合和入库工作一般都是技术支撑单位的作业人员，只能负责技术性工作，遇到数据不一致、错误等问题时，应当汇总上报，不能擅自处理。

65. **已有宅基地、集体建设用地登记资料清理整合和入库工作量很大，应重点做好哪些工作？注意哪些事项？**

对已有宅基地、集体建设用地登记资料进行全面梳理，厘清存在的问题，查找已有的档案资料，开展数据补录补测和纸质资料数字化等工作，形成规范化的数据集并入库。对于不动产单元号、权利人名称、权利类型等关键数据项，必须补齐，其他数据项，原则上应补齐。由于存在的问题一般是长期积累下来的，短期内全部解决确实存在一定的困难，加之统一登记前后工作要求不同，技术标准也存在一定的差异，为了"原汁原味"体现已有资料成果，在整合入库时，根据原始材料如实记录登簿人、登簿时间等信息，同时可将已有的证书、登记资料等扫描生成电子文件，挂接在不动产登记数据库上，便于今后开展登记工作时比对查看。

66. 数据整理完善工作中，如何补编不动产单元代码？对于缺少图形数据的应该如何分情况处理？

应遵循《不动产单元编码规范》，划分不动产单元，编制 28 位具有唯一性不动产单元代码。

对于缺少图形数据的情况，通过以下途径获取空间数据，并与属性信息关联挂接：

（1）如果有纸质图件资料，对纸质资料进行数字化处理，生成带坐标的空间数据；

（2）如果没有纸质图件资料，条件具备的，可开展野外实测；条件不具备的，可结合实地勘丈，在高分辨率正射影像图上进行勾绘；确实没有条件开展野外实测和影像图勾绘的，可采集"院落中心点"作为宗地位置。

67. 以"院落中心点"作为宗地位置时，如何处理数据入库？

以"院落中心点"作为宗地位置时，宗地标注上图为点，入库应按以下处理：

一是登记结果信息标注上图的点状图形存放在"点状定着物"图层（图层名：DZDZW），其图层"点状定着物类型"字段赋值为"农村宅基地标注上图"或"集体建设用地标注上图"等，并同时导出图形属性数据生成点状定着物属性表（表名：DZDZW）。

二是权利数据存放在"建设用地使用权、宅基地使用权表"（表名：JSYDSYQ）中。

三是权利人数据存放在"权利人表"（表名：QLR）中。

68. 土地登记档案中土地使用起止时间只有开始时间为建国前，但《不动产登记数据库标准（试行）》要求这个字段为必填，如何规范填写？

按照日常登记中登记簿填写的做法，确实由于客观原因无法填写的字段，可以为空，但要在备注栏里注明原因，在数据成果汇交时附上情况说明。

69. 存量登记资料整合过程中，发现原有档案资料存在明显错误的是否可以纠正？

存量登记资料数据整合是一项技术工作，数据录入严格按照法定登记资料，遵循"保持数据原貌"的原则，不应修改已有的登记资料。存在明显错误的，必须通过法定程序才能更正。

70. **宅基地使用权证、房屋所有权证记载的权利人不一致如何整合入库？批准文件与证书记载的权利人不一致如何整合入库？**

两者不一致的，应按照本问答第46问，通过法定程序更正。暂时确实无法更正的，在数据整合入库中按照原记载的信息入库，并备注说明。

71. **登记档案中没有权利人身份信息，或身份证号码缺失的，如何处理？**

先根据登记档案中的户信息，与公安部门的户籍信息做相应的人员身份信息匹配，仍不能解决的可采用实地核实、入户调查的方法，对缺失数据进行补测、补录，并备注数据获取方式和时间。

72. **闲置的集体建设用地用途如何认定？登记档案中用途填写"耕地"或"非耕地"等无法归类的宅基地或集体建设用地如何进行整合？**

闲置的集体建设用地，按照权属来源材料中的用途进行认定。数据整合工作不能改变或重新认定用途。

登记档案中用途填写"耕地"或"非耕地"等无法归类的宅基地或集体建设用地，也应通过法定程序进行更正，暂时无法更正的，按照原资料填写入库。

73. **批准面积、证号等重点信息不完善的历史档案如何整合？**

采用外业核实、入户调查的方法，对相关数据进行补录补测后入库，并备注数据获取方式和时间。

74. **集体建设用地土地使用期限届满且未续期，或有原始登记档案但现状为空地或房屋坍塌的，是否需要进行存量登记数据整合？**

需要整合。

75. **现行存量数据质检软件版本是否适用于宅基地和集体建设用地确权登记数据？**

现行存量数据质检软件版本适用于宅基地和集体建设用地确权登记数据。需要说明的是，数据质检软件是对数据质量的全面"体检"，对数据的不完善进行提示，以便对本地数据质量状况进行全面、准确的了解，并辅助完善数据成果。

76. 数据汇交和数据实时上传有什么不同？

数据汇交通过离线方式进行。按照《不动产登记存量数据成果汇交规范（试用）》规定的数据内容和格式等要求，从本地不动产登记数据库中导出至相应存储介质，离线汇交至部级和省级信息管理基础平台。

数据实时上传通过在线方式进行。各地不动产登记机构在日常登记业务中，通过不动产登记统一接入系统，在每一笔登记业务登簿的同时实时上传省级和国家级信息基础平台。

77. 如何把握农村不动产登记成果汇交的时间要求？

总体要求是 2021 年底前完成全国所有县（市、区）整合汇交工作。由于各地基础条件不同，工作进度不一，省级应把数据汇交时间要求落实到各县（市、区），先完成的县（市、区）先汇交，统筹进度，确保 2021 年底前完成汇交任务，避免到最后"扎堆"汇交。

国土资源部
行政复议十大典型案例（节录）①

......

二、白某、成某不服北京市规划和国土资源管理委员会信息公开答复案

【典型意义】本案明确了不动产登记查询与政府信息公开的关系。不动产登记资料查询属于特定行政管理领域的业务查询事项，只有权利人、利害关系人和有关国家机关有权获取相关信息，其他

---

① 来源：自然资源部官网，载 https：//www. mnr. gov. cn/dt/zb/2017/xzfy/beijing ziliao/201712/t20171227_ 2127472. html，最后访问时间：2025 年 9 月 5 日。

人员不能通过政府信息公开的途径申请公开。本案的典型意义在于，通过释明法律规定，形成有效的示范效应，保护权利人不动产登记信息的安全。

（一）基本案情

2016年7月7日，白某、成某向北京市规划和国土资源管理委员会（以下简称北京市规土委）申请公开"按照《在京中央国家机关用地土地登记办法》第八条北京市局收到在京中央国家机关用地土地申请后按照《土地登记规则》颁发土地证书规定，国家轻工业局机关服务中心2000年7月11日递交宣武区右安门内大街28号院《北京市国有土地地籍调查表》递交的土地证书复印件"的政府信息。7月27日，北京市规土委告知其所需信息属于不动产登记信息，不能通过政府信息公开方式提供，建议其到各区不动产登记部门申请查询。白某、成某不服该告知书，提起行政复议，请求予以撤销。

（二）处理结果

复议机关认为，依据《政府信息公开条例》第十七条和第二十一条、《物权法》第十八条、《不动产登记暂行条例》第二十七条、《不动产登记暂行条例实施细则》第九十四条和第九十七条、国务院办公厅政府信息与政务公开办公室的复函（国办公开办函〔2016〕206号）等规定，白某、成某申请公开的信息属于不动产登记资料，不能通过政府信息公开方式予以提供。复议机关维持了北京市规土委作出的信息公开答复。

（三）案例评析

本案的争议焦点是，非不动产权利人、利害关系人，能否通过政府信息公开途径查询或获取不动产登记资料。

不动产登记资料查询，属于特定行政管理领域的业务查询事项，其法律依据、办理程序、法律后果等，与《政府信息公开条例》所调整的政府信息公开行为存在根本性差别，当事人依据《政府信息公开条例》申请这类业务查询的，行政机关应当告知其依据相应的法律法规规定办理。因此，申请人不能通过申请政府信息公开的方式申请获取不动产登记资料。

值得注意的是，行政机关在适用国务院办公厅政府信息与政务公开办公室的复函（国办公开办函〔2016〕206号）的规定时，切不可任意扩大适用范围，并非所有不动产登记资料中的信息都不能通过政府信息公开途径获取。不动产登记资料包括不动产登记簿等不动产登记结果和不动产登记原始资料，通常只能通过不动产登记查询途径获得，但是作为不动产权利来源的各类信息是否免于公开，需要进行具体甄别，例如，土地出让合同可能包含在不动产登记资料中，但不能简单以此为由而拒绝信息公开。

【专家点评】

信息公开，内涵十分丰富，领域十分宽泛。我国法律体系中，有接近一半的法律、约三分之一的行政法规包含有关信息公开的规定。如何正确处理这些规定与《政府信息公开条例》之间的关系，是个重大的理论、制度和现实问题。

信息公开存在着不同的类型。比如，有作为业务查询事项的信息公开，如户籍信息查询、工商登记资料查询等；有作为行政程序环节的信息公开，包括各类公示、公告等；有作为监管手段的信息公开，如强制性信息披露制度；有作为行政处罚方式的信息公开，如药品安全监管"黑名单"等。不同类型的信息公开，其法律依据、公开主体、公开客体、公开对象、公开方式、法律后果等都内在不同。

本案涉及的不动产登记信息查询，就是典型的作为业务查询事项的信息公开。为确保物权安全和交易秩序，有关法律法规规章对不动产登记信息的查询主体范围、查询条件、办理程序等，都做了限制性规定。申请人可以依据《政府信息公开条例》申请不动产登记信息，行政机关可以拒绝公开，但是，不能将不公开的理由归结为不属于《政府信息公开条例》调整范围，而应按照《政府信息公开条例》规定的程序、期限等要求，告知其按照相应的法律法规规章办理。

……